高等教育管理学科建设多样化研究

李 佳 著

同济大学出版社 · 上海
TONGJI UNIVERSITY PRESS · SHANGHAI

内 容 提 要

本书从多样化理念、理论支撑和价值内涵等理论基础出发，深入探讨高等教育管理学科课程体系设计原则、多样化构建及教学方法创新，系统分析师资队伍结构优化、能力提升途径和激励机制建设；通过人力资源、物质资源和财力资源的配置优化，结合学科文化建设和环境营造策略，推进信息化建设进程；最后总结综合性大学、理工科院校和师范院校等不同类型高校的学科建设实践经验，形成“理论建构—要素优化—环境营造—实践验证”的完整研究体系，为高等教育管理学科建设的多样化发展提供系统性解决方案。

图书在版编目(CIP)数据

高等教育管理学科建设多样化研究 / 李佳著.
上海 : 同济大学出版社, 2025. 6. -- ISBN 978-7-5765-1646-3

Ⅰ. G640

中国国家版本馆 CIP 数据核字第 2025K86D28 号

高等教育管理学科建设多样化研究

李 佳 著

责任编辑 刘 慧 **责任校对** 金梦莹 **封面设计** 张田田

出版发行 同济大学出版社 www.tongjipress.com.cn
（地址：上海市四平路 1239 号 邮编：200092 电话：021-65985622）

经 销 全国各地新华书店
印 刷 上海新华印刷有限公司
开 本 787mm×1092mm 1/16
印 张 11.75
字 数 201 000
版 次 2025 年 6 月第 1 版
印 次 2025 年 6 月第 1 次印刷
书 号 ISBN 978-7-5765-1646-3

定 价 68.00 元

前　言

在全球化与信息化迅速发展的背景下，高等教育作为知识传播与创新的重要载体，正面临前所未有的挑战与机遇。随着社会对高等教育的需求日益多样化，高等教育管理学科的建设也愈发重要。高等教育管理学科的建设不仅关乎教育质量的提升，还是推动国家和社会持续发展的关键因素。因此，对高等教育管理学科建设的多样化研究显得尤为必要。

本书从高等教育管理学科建设多样化的理论基础出发，分别对高等教育管理学科建设的课程体系多样化、高等教育管理学科师资队伍建设的多样化、高等教育管理学科建设的资源配置、高等教育管理学科建设的文化与环境营造、高等教育管理学科的信息化建设进行研究与讨论，并探讨了高等教育管理学科建设的多样化实践。希望本书能为读者提供高等教育管理学科建设多样化研究方面的帮助。

本书由李佳（沈阳工业大学国际教育学院）著。在编写本书的过程中，笔者得到了许多专家学者的支持与指导。在此，笔者对他们表示衷心的感谢。同时，希望本书能够为广大的高等教育管理工作者、研究者及政策制定者提供参考与借鉴，推动高等教育管理学科的进一步发展与创新。

著　者

2025 年 3 月

目　录

第一章　高等教育管理学科建设多样化的理论基础

第一节　高等教育管理学科建设多样化的理念

一、高等教育管理学科多样化的内涵特征

（一）高等教育管理学科多样化的核心要素

高等教育管理学科多样化的核心要素之一是跨学科的协作与整合。跨学科的协作可以引入不同学科的视角和方法，丰富高等教育管理的理论和实践。这种协作不仅有助于解决复杂的教育管理问题，也促进了学科之间的相互学习和创新。

高等教育管理学科多样化的核心要素之二是适应性。高等教育管理学科必须能够灵活应对社会需求和教育环境的变化，通过不断调整与优化，保持其在教育领域的前沿地位。

高等教育管理学科多样化的核心要素之三是建立多元化的评价体系，以确保各类教育管理模式的有效性与可持续性。多元化的评价体系能够全面评估不同教育管理模式的成效，识别其优势与不足，从而为学科的发展提供科学的依据。通过多元化的评价，高等教育管理学科可以更好地适应社会的多样化需求，并在全球化背景下提升其国际竞争力。

（二）高等教育管理学科多样化的表现形式特征

高等教育管理学科多样化是一个复杂且多维度的概念，其表现形式和特征在学术界引起了广泛关注。首先，高等教育管理学科多样化的表现形式之一是课程设置的多样化。高等教育管理学科通过将理论课程与实践课程相结合，力求满足不同学生的学习需求。这种多样化的课程设置不仅能够让学生获得扎实的理论知识基础，还能通过实践课程培养其实际操作能力，使他们在未来的职业生涯中更具竞争力。理论与实践的结合，体现了高等教育管理学科对学生全面发展的重视。

其次，高等教育管理学科多样化表现在研究方法的多样性。高等教育管理学科在研究方法上采取了定量与定性研究相结合的方法，以提高研究的全面性与深度。定量研究方法通过数据分析提供了客观的研究结果，而定性研究则通过深入的访谈和观察揭示更为具体的教育现象。多样的研究方法不仅丰富了高等教育管理的理论体系，也为政策制定者提供了更为全面的决策依据。

再次，高等教育管理学科多样化表现在教育模式的创新。随着信息技术的发展，在线教育与传统面授教育的融合成为一种趋势。这种创新的教育模式不仅适应了不同学习环境的需求，还为学生提供了灵活的学习选择，使教育资源能够更加广泛地传播和共享。在线教育的引入，不仅拓宽了教育的覆盖面，也为高等教育管理学科的多样化发展提供了新的方向。

最后，高等教育管理学科多样化表现在跨学科的合作与交流。高等教育管理学科通过与其他学科的合作，促进了知识共享与资源整合。这种跨学科的合作不仅提升了高等教育管理的整体效能，还推动了学科的创新与发展。跨学科的交流为学科发展注入了新的活力，使高等教育管理学科能够更好地应对现代教育背景下的复杂挑战。跨学科的合作与交流，使高等教育管理学科在全球化背景下，能够保持其竞争力和创新能力。

二、高等教育管理学科多样化的动因分析

(一)全球化与多元文化的推动

全球化进程的加速使高等教育管理面临多样化的挑战与机遇，促使教育管理理念不断更新与发展。在全球化的背景下，各国的教育体系相互影响，这促使高等教育管理者需要具备国际化视野和多元文化理解能力。多元文化背景下，教育管理需要融合不同文化的价值观，以提升教育质量与公平性。这种文化的交融不仅有助于提升学生的全球竞争力，也促使高等教育管理者在政策制定和实施过程中考虑到文化多样性的重要性。

全球化背景下的信息技术进步为高等教育管理的多样化提供了新的工具与平台，促进了教育资源的共享与优化配置。信息技术的快速发展使高等教育管理者可以更高效地管理和分配教育资源，打破了时间和空间的限制，实现了教育资源的全球共享。这不仅提高了教育资源的利用效率，也为高等教育管理的多样化提供了技术支持。在信息技术的支持下，高等教育管理者可以更好地应对全球化

带来的挑战，推动教育管理的创新与发展。通过信息技术，教育高等教育管理者能够更精准地分析和满足学生的个性化需求，从而提升教育的质量和公平性。

(二)学科交叉融合的趋势

学科交叉融合的趋势在高等教育管理领域中愈发明显。这一趋势不仅是学术界的自然演进，更是应对全球化背景下复杂教育挑战的必要手段。通过学科交叉，高等教育管理理论得以不断创新，发展出更具时代性和适应性的理论框架。新理论的产生不仅丰富了高等教育管理的知识体系，也为高等教育管理实践提供了更加适用的指导原则。学科交叉的价值在于打破传统学科界限，促进知识的流动和整合，从而推动高等教育管理学科的全面发展。

跨学科合作为高等教育管理提供了新的视角，使高等教育管理者能够从多元化的角度审视和解决复杂的教育管理问题。这种合作不局限于理论层面，也在实践中展现出显著的优势。通过引入不同学科的思维模式和方法论，高等教育管理者可以更有效地制定策略，优化管理流程，并提升教育质量。跨学科合作的另一个重要贡献在于培养具备多元视角和综合能力的教育管理人才，使他们能够在快速变化的社会和教育环境中灵活应对挑战。

学科融合使高等教育管理的实践更加灵活，能够快速响应变化的教育环境与需求。在教育管理实践中，学科融合不仅体现在方法和技术的整合上，还表现在教育目标和内容的多样化设计中。通过融合不同学科的知识和技能，高等教育管理者能够设计出更具适应性的课程和项目，以满足学生多样化的学习需求。这种灵活性不仅提升了教育管理的效率，也提高了教育机构应对外部环境变化的能力，为教育管理的可持续发展奠定了坚实基础。

交叉学科的研究方法丰富了高等教育管理的研究工具，提高了研究的可靠性与有效性。在高等教育管理的研究中，运用多学科的方法论可以更全面地分析问题，揭示教育管理中的复杂关系。这种研究方法的多样性不仅增强了研究的深度和广度，也提升了研究成果的实用性和指导性。通过采用多种研究工具，研究者能够更准确地捕捉教育管理现象，揭示其内在规律，为教育政策的制定和实施提供科学依据。

(三)社会需求与教育目标的多样化

社会需求的多样化直接影响着高等教育管理学科的建设方向。随着全球化进程的加速和经济结构的转型，社会对高等教育人才的需求呈现出前所未有的多样性。这种需求的变化促使高等教育管理学科不得不重新审视和调整其培养目标，以更好地适应不同领域和行业的专业要求。无论是传统行业还是新兴产业，都对高等教育人才提出了新的标准和期望，这要求学科建设在课程设置和教学方法上进行相应的变更，以培养出符合社会需求的高素质人才。

教育目标的多样化不仅体现在专业能力的培养上，更强调对学生综合素质的重视。这包括批判性思维、创新能力和团队合作等软技能的培养。这些能力在现代社会中变得尤为重要。高等教育管理学科在制定培养方案时，需将这些软技能的培养融入其中，确保学生在学术能力之外，能够具备适应复杂社会环境的能力。这种多样化的教育目标不仅提升了学生的个人发展潜力，也增强了他们在职场中的竞争力。

科技的快速发展也对高等教育管理学科提出了新的要求。现代社会对技术应用能力的需求不断增加，这促使学科建设需要融入相关课程，以提升学生的数字素养。高等教育管理学科必须紧跟科技发展的步伐，引入最新的技术应用课程，帮助学生掌握必要的数字工具和技能。这种课程设置的调整不仅是对社会需求的回应，也是对学生未来职业发展的重要支持。

第二节　高等教育管理学科建设多样化的理论支撑

一、系统理论与高等教育管理学科多样化

（一）系统理论的基本原理与应用

系统理论作为一种重要的理论框架，强调高等教育管理的整体性，认为各个组成部分之间相互联系、相互影响，形成一个动态的教育管理系统。在高等教育管理中，系统理论不仅帮助我们理解各要素之间的相互作用，还为我们提供了分析复杂关系的工具。通过系统理论，高等教育管理者能够识别出管理过程中的关键变量，进而在多样化的背景下，进行更为有效的资源配置与管理。这种整体性视角对于应对高等教育管理中的动态变化尤为重要。

系统理论提供了一种框架，能够帮助分析高等教育管理中的复杂关系，促进不同学科协作与整合。在现代高等教育管理中，各学科之间的界限日益模糊，跨学科

合作成为趋势。系统理论强调了这种协作的重要性，它不仅有助于提升教育管理的整体效能，还能推动学科间的创新与发展。通过系统理论，高等教育管理者可以更好地理解和协调不同学科的需求，进而推动高等教育管理学科的多样化建设。

系统理论的应用有助于识别高等教育管理中的关键变量，指导高等教育管理者在多样化背景下进行有效的资源配置与管理。在高等教育管理中，资源的有效配置是实现多样化管理目标的关键。系统理论凭借其整体性和动态性特征，帮助高等教育管理者识别出影响管理效果的关键因素。这一过程不仅提升了资源使用的效率，还为高等教育管理的创新提供了理论支持。通过系统分析，高等教育管理者能够更好地应对资源限制带来的挑战。

（二）高等教育管理学科多样化中的系统思维

在高等教育管理学科建设中，系统思维作为一种重要的方法论，强调各要素之间的相互依赖性。这种思维方式不仅帮助高等教育管理者识别和分析关键变量，同时也促进了学科间的协同与整合。通过系统思维，高等教育管理者能够更清晰地看到教育管理中的复杂网络关系，从而优化资源配置和决策过程。这种方法论的应用，特别适合应对高等教育管理中的多样化挑战，因为它能够在不同学科之间建立联系，形成一个有机的整体。

系统思维的一个显著特点是其动构建态反馈机制的能力。在高等教育管理中，动态反馈机制可以帮助高等教育管理者及时调整策略，以适应不断变化的教育环境和社会需求。通过这种机制，高等教育管理者能够更灵活地应对外部变化，确保教育管理的策略始终与社会的实际需求相符。这种适应性对于高等教育管理的成功至关重要，因为它不仅提高了管理的效率，也提升了管理的效果。

此外，系统思维在提升高等教育管理者对复杂问题的理解方面具有显著优势。高等教育管理中常常面临复杂的问题，这些问题往往涉及多种因素的交织。系统思维通过整体性和全局性的分析方法，帮助高等教育管理者从更高的层次理解这些问题，从而促进创新解决方案的产生。通过这种方式，高等教育管理者能够在解决具体问题的同时，推动整个高等教育管理体系的创新和发展。

系统思维还推动了高等教育管理的持续改进。通过不断地反思与评估，高等教育管理者可以识别出管理过程中的不足，并通过系统化的改进措施来提升管理效率和效果。这种持续改进的过程，不仅有助于提高教育管理的质量，也为高等教育管理的多样化发展奠定了坚实的基础。系统思维的应用，正是高等教育管理学科建设多样化理论支撑的重要组成部分。

二、复杂科学理论与高等教育管理学科多样化

(一)复杂科学理论的核心观点

复杂科学理论的核心观点在于其对系统非线性特征的强调。这一理论认为，即便是微小的变化，也可能在系统中引发巨大的行为差异。这种观点对于理解高等教育管理中的动态环境尤为重要。在高等教育管理中，政策、资源配置和学术活动等方面的细微调整，可能会对整个教育系统产生深远的影响。因此，高等教育管理者需要具备敏锐的观察力和应变能力，以识别和应对这些潜在的变化。

复杂科学理论另一个重要的观点是对自组织现象的关注。在高等教育管理系统中，各个组成部分通过自组织方式，可以形成新的结构和模式。这意味着，高等教育管理者需要鼓励并支持系统内的自组织过程，以促进创新和发展。例如，校内各院系之间的协作、教师与学生之间的互动，都可以通过自组织的方式，形成有机的、富有生命力的教育生态系统。

适应性被复杂科学理论视为系统的关键特征之一。高等教育管理系统需要具备灵活调整的能力，以应对不断变化的外部环境和内部需求。面对全球化带来的教育变化、技术进步对教学模式的影响，以及学生多样化的学习需求，高等教育管理者必须具备适应性。这种适应性不仅体现在政策和制度的调整上，还包括对教学方法、课程设置和资源配置的动态优化。

复杂科学理论强调多样性的重要性，认为多样化的参与者和观点能够增强高等教育管理系统的韧性和创新能力。在多样化的教育环境中，不同背景的教师、学生和高等教育管理者带来的多元视角，可以促进知识的交流与碰撞，推动教育创新。此外，多样性还可以提高系统的抗风险能力，使其在面对不确定性环境和挑战时更具韧性。

复杂科学理论提供了分析复杂系统的工具和方法，这对于高等教育管理者理解和应对多样化带来的挑战与机遇至关重要。通过使用这些工具，高等教育管理者可以更好地识别系统中的关键因素和潜在风险，制定出更为有效的管理策略。同时，这些方法也有助于评估多样化措施的实际效果，从而不断优化高等教育管理的实践。

(二)高等教育管理学科多样化的复杂性特征

在高等教育管理学科建设中，学科多样化的复杂性特征体现在多个方面。首

先，随着高等教育管理学科的多样化，利益相关者的多样性也随之增加。高等教育管理者需要协调不同利益群体的需求与期望，以实现教育目标的平衡。这不仅涉及校内的教师、学生和行政人员，还包括外部的政府机构、行业伙伴和社会公众。高等教育管理者在制定政策和实施计划时，必须充分考虑各方的利益和诉求，以避免冲突和矛盾，从而促进和谐的教育生态系统的构建。

此外，高等教育管理学科多样化使课程内容与教学方法的选择变得更加复杂。高等教育管理者需要具备灵活应对不同教学环境与学习需求的能力。面对不同学科的特殊性和复杂性，高等教育管理者要在课程设计中体现出多样性和包容性，以满足学生多样化的学习需求。这要求高等教育管理者不仅要有对教育理论的深刻理解，还需具备较强的实践能力，以确保教育质量的提升和学生的全面发展。

多样化的教育模式也对资源配置提出了更高的要求。高等教育管理者必须在资源的分配和使用上进行更为精细的计划，以确保各类课程和项目的有效实施与质量保障。在资源有限的情况下，如何优化配置，最大限度地发挥资源的效能，是高等教育管理者面临的重要挑战。通过科学合理的资源管理，高等教育管理者能够在保障基本教学需求的同时，支持创新项目和特色课程的发展。

在高等教育管理决策过程中，复杂性特征使信息流动与沟通变得更加烦琐。高等教育管理者需建立高效的信息共享机制，以提升决策效率。有效的信息流动能够促进决策透明度和公众信任度的提升，减少误解和信息不对称带来的管理困境。通过现代信息技术的应用，高等教育管理者能够更好地收集和分析数据，从而为决策提供科学依据。

高等教育管理学科多样化促进了高等教育管理实践的创新与发展。高等教育管理者需具备敏锐的观察力和适应能力，以应对不断变化的教育环境与社会需求。创新不仅体现在教学方法和管理手段的更新，还体现在对教育理念和目标的重新审视。面对未来教育的发展趋势，高等教育管理者应积极探索新的教育模式和管理策略，以引领高等教育的持续发展。通过不断学习和实践，高等教育管理者能够在复杂多变的环境中，保持高等教育管理的前瞻性和适应性。

（三）复杂科学理论对高等教育管理学科建设的启示

复杂科学理论为高等教育管理学科建设提供了重要的启示，它强调系统的自组织能力，即在没有中央控制的情况下，系统能够实现有效运作。这一理论为高等教育管理提供了一个新的视角，使高等教育管理者能够在纷繁复杂的教育环境中，识别并利用系统中的关键互动。这不仅优化了高等教育管理决策和资源配置，还提升了系统的整体效能。复杂科学理论的引入，使高等教育管理者能够更好地理解和利用系统内在的自组织特性，从而在不同的情境中实现有效的管理和创新。

在高等教育管理中，复杂科学理论的应用增强了系统的自组织能力，这体现在应对多样化教育需求的灵活性上。通过这一理论，高等教育管理者能够设计出适应性强的课程与项目，以满足不同学习者的需求。这种灵活性使高等教育管理者可以根据学生的多样化需求进行课程设置和调整，从而提升教育的适用性和质量。在复杂多变的教育环境中，复杂科学理论能够帮助高等教育管理者更好地理解学生的多样性，并通过灵活的管理策略满足这些多样化的需求。

复杂科学理论还强调了多样性和创新在高等教育管理中的重要性。面对快速变化的教育环境，复杂科学理论鼓励高等教育管理者探索新方法和新模式，以提升教育质量。在这一理论视角下，创新不仅是一种手段，更是一种必然的选择。通过引入多样性与创新的理念，高等教育管理者能够在教育管理中引入更多的创新实践，从而在变化中保持竞争力。这种创新驱动的管理方式，使高等教育机构能够在全球化背景下，持续提升其教育质量和影响力。

三、生态学理论与高等教育管理学科多样化

（一）生态学理论的基本概念

生态学理论源于对自然生态系统的研究，被引入后高等教育管理领域。其核心在于关注系统内各要素之间的相互关系，这在高等教育管理中表现为对教育系统内外部环境因素的全方位考量。生态学理论认为，高等教育管理不仅要关注内部结构的优化，更应关注其生态环境中的各种影响因素，包括社会、经济、文化等多方面的因素，这些因素共同构成了影响教育管理成效的复杂网络。

该理论强调适应性管理的重要性，认为高等教育管理应具备灵活调整的能力，以应对外部环境的变化。随着全球化进程的加速，高等教育机构面临的外部环境变得更加复杂，传统的固定管理模式已难以应对。因此，适应性管理成为必然选择，高等教育管理者需不断调整策略，以适应环境变化，确保教育质量和管理效率的提升。

多样性是生态学理论的另一个重要概念，它在高等教育管理中的应用体现在

多样化的教育管理策略上。多样化的策略不仅能够增强教育系统的韧性，还能激发创新能力。通过多样化的策略，高等教育管理者能够更好地满足不同学生群体的需求，促进教育公平与包容。此外，多样化的管理实践也为高等教育系统提供了更多的创新机会，使其在面对挑战时具备更强的竞争力。

生态学理论还倡导可持续发展，强调在资源利用与环境保护之间取得平衡。高等教育管理在追求学科建设多样化的过程中，应注重资源的可持续利用，避免因过度开发而导致生态失衡。通过合理规划与管理，高等教育机构能够实现长远发展，维护高等教育生态的健康。

（二）高等教育管理学科生态系统的构建与平衡

高等教育管理学科生态系统的构建需要明确各组成部分的角色与功能，以实现协同效应，促进高等教育管理的整体优化。在这个系统中，每个学科如同生态系统中的生物链环节，承担着特定的功能和责任。明确各学科的角色，可以有效避免资源浪费和功能重叠，促使各学科在其专长领域发挥最大效能。这不仅有助于学科内部的自我完善，还可以为整体高等教育管理提供坚实的理论支撑。

在高等教育管理学科生态系统中，多样性的重要性不容忽视。通过引入不同学科背景的专家与学者，高等教育管理的创新能力与适应性能够得到显著提升。多样性不仅体现在学科的种类上，还体现在研究方法、理论视角和实践经验的多样化上。不同背景的学者可以带来不同的思维方式和解决问题的途径，从而丰富教育管理的理论与实践。这种多样化的生态系统能够更加灵活地应对复杂多变的教育需求，推动高等教育管理的创新发展。

高等教育管理学科生态系统的平衡要求对资源进行合理配置，确保高等教育管理各学科在发展中获得必要的支持与保障，以实现可持续发展。在资源有限的情况下，合理的分配策略至关重要。各学科需要根据其发展阶段和实际需求，获得相应的资源支持。这不仅包括资金和设施，还涉及人力资源和政策支持。科学的资源配置，可以确保各学科在竞争中保持活力，实现长期稳定的发展。

借助生态学视角，高等教育管理在应对外部环境变化时的灵活性得以加强，促进教育管理策略的动态调整与优化。生态学理论强调系统内部的自我调节能力和对外部变化的适应性，这为高等教育管理策略的制定提供了新的视角。在快速变化的社会环境中，高等教育管理需要具备动态调整的能力，以应对不断变化的需求和挑战。生态学视角的引入，不仅提升了高等教育管理的理论深度，也为其实践提供了有力的指导。

(三)生态学理论对高等教育管理学科多样化的支撑

生态学理论强调高等教育管理中各要素的相互依赖性,促进不同学科之间的协同合作,以实现管理效果的提升。通过生态学的视角,高等教育管理者能够更清晰地识别高等教育管理中的关键生态变量,从而制定更具针对性的政策与管理策略。这种理论框架为高等教育管理学科多样化提供了坚实的基础,使高等教育管理不仅关注单一学科的发展,还通过多学科的协同作用,提升整体的教育质量与管理效率。

生态学理论倡导可持续发展,这在高等教育管理中表现为资源配置上需要兼顾经济效益与环境保护,以实现长远发展。高等教育管理者在制定政策时,必须考虑到资源的有限性与环境的承载能力,确保在实现教育目标的同时,不对自然环境造成不可逆转的破坏。这种可持续发展的理念促使高等教育机构在进行学科建设时,不仅关注当前的需求,还着眼于未来的发展潜力,确保教育资源的合理与高效利用。

适应性管理是生态学理论的另一核心理念,鼓励高等教育管理者灵活调整策略,以应对不断变化的外部环境与内部需求。在快速变化的社会背景下,高等教育机构必须具备快速响应与调整的能力,以保持竞争力与创新性。高等教育管理者需要不断监测外部环境的变化,如政策调整、市场需求变化等,同时关注内部需求的动态变化,以便及时调整管理策略。这种适应性管理策略能够有效提升高等教育管理的灵活性与应变能力。

生态学理论支持多样化教育管理策略的实施,通过引入不同学科背景的专家与学者,增强高等教育管理的创新能力与适应性。多样化的学科背景不仅带来了不同的视角与方法,也促进了跨学科的合作与交流,为高等教育管理注入了新的活力与动力。这种多样化的策略能够提高高等教育管理的创新能力,帮助高等教育机构更好地应对复杂的教育挑战与机遇。通过多样化的学科建设,高等教育管理能够更好地满足社会发展的多元需求,推动教育事业的全面进步。

四、知识管理理论与高等教育管理学科多样化

(一)知识管理理论的核心内容

知识管理理论作为现代管理学的重要组成部分,其核心内容主要围绕知识的

创造、获取、共享和应用展开。知识管理理论强调通过系统的方法促进知识在组织内部的流动，以提升整体效能和创新能力。在高等教育管理领域，这一理论尤为重要，因为它为学术资源的有效整合提供了理论支撑。通过知识管理，学科间的协作与交流能够得到有效促进，从而推动学科建设的多样化发展。

知识管理理论特别关注隐性知识与显性知识的平衡。隐性知识是指难以通过文字或语言直接表达的知识，而显性知识则是可以通过文档、书籍等形式加以传递的知识。知识管理理论强调通过适当的机制将隐性知识转化为可共享的显性知识，这对于高等教育管理者而言，具有重要的实践意义。通过这种转化，高等教育管理学科建设可以在更广泛的层面上实现知识的共享与传播，从而促进学科的多样化发展。

为了适应快速变化的教育环境，知识管理理论倡导建立学习型组织。这样的组织结构鼓励高等教育管理者持续学习与反思，以便在动态变化的环境中保持竞争力。学习型组织的建立不仅提升了个体的学习能力，也促进了组织整体的知识积累和创新能力的提升。在高等教育管理中，这种思维方式有助于推动学科建设的多样化发展，因为它能够为不同学科之间的知识交流提供一个开放的平台。

知识管理的实施离不开信息技术的支持。在高等教育管理中，信息技术通过数字化平台的形式促进知识的存储、检索和传播，极大地提升了管理效率。数字化平台不仅为知识的高效管理提供了技术支持，还为高等教育管理学科建设的多样化发展提供了新的可能性。通过数字化平台，高等教育管理者可以更便捷地对学术资源进行整合与共享，从而推动学科间的互动与合作，进一步促进学科建设的多样化。

（二）知识共享与学科交叉的机制

知识共享与学科交叉的机制在高等教育管理学科建设中起着至关重要的作用。通过建立跨学科团队，定期举办研讨会和协作项目，不同学科的专家和学者能够进行深入的交流和合作。这种机制不仅促进了知识的共享，还推动了学科之间的交叉创新，为高等教育管理领域带来了新的视角和方法。这种跨学科的合作模式，有效地打破了学科间的壁垒，使知识在不同领域之间流动，更好地服务于学科建设的多样化目标。

信息技术平台在知识共享系统的搭建中扮演着重要角色。信息技术平台通过提供高效的知识获取与传播渠道，使高等教育管理领域内外部的知识能够被快速地分享和利用。通过利用这些技术手段，学者和研究人员可以更便捷地接触到最新的研究成果和理论动态，从而为学科交叉研究提供了坚实的基础。信息技术的应用不仅提高了知识共享的效率，也为高等教育管理学科建设多样化发展提供了技术支持，使学术交流更加便捷和高效。

制定知识管理政策是促进知识共享和学科交叉的重要举措。鼓励教师和研究人员记录和分享隐性知识，能够有效提升学科交叉研究的深度与广度。这些政策不仅有助于知识的积累和传播，还能激发学者之间的合作热情，推动学科之间的深度交流。通过政策的引导，隐性知识得以显性化，成为学科建设的重要资源，进一步推动了高等教育管理学科建设的多样化发展。

联合研究项目的开展是推动学科交叉与协作的重要途径。鼓励不同学科的教师共同申请科研资金，可以有效促进学科之间的合作。这种合作模式不仅能够整合不同学科的优势资源，还能在研究过程中产生新的学术思想和研究方法，为学科发展注入新的活力。联合研究项目的成功实施，能够为学科交叉提供实质性的支持，推进高等教育管理学科建设的多样化发展进程。

(三)知识管理对高等教育管理学科多样化的促进作用

知识管理在高等教育管理学科的多样化建设中扮演着重要的角色。通过系统化的知识创造与分享，知识管理不仅激发了教师和学生的创造力，还推动了新思想和新方法的产生。在高等教育的背景下，创新是学科发展的核心驱动力，而知识管理则为创新提供了必要的支持。教师和学生通过参与知识的创造与分享过程，能够更好地理解和应用所学知识，从而在学术和实践中实现创新突破。知识管理为高等教育管理学科的多样化发展提供了一个动态的、开放的环境，使新颖的学术思想和实践方法能够不断涌现。

知识管理还通过建立跨学科的知识共享平台，增强了学科间的协作。高等教育管理学科的多样化建设要求不同学科之间的密切合作与资源整合，而知识管理正是实现这一目标的有效途径。通过知识共享平台，来自不同学科的教师和研究人员能够方便地交流和共享资源，从而在合作中产生新的学科交叉点和研究方向。这种跨学科的协作不仅拓宽了学科的研究视野，还提高了研究的深度和广度，为高等教育管理学科的多样化发展注入了新的活力。

在高等教育管理中，决策能力的提升是学科建设的重要组成部分。知识管理通过数据分析和信息共享，帮助高等教育管理者作出更为科学和高效的决策。高等教育管理者在面对复杂的教育环境时，需要快速而准确地作出决策，而知识管理提供的系统化信息和分析工具能够显著提高决策的质量和效率。通过利用丰富的数据和信息资源，高等教育管理者能够更好地理解教育环境的变化趋势，从而制定出更具前瞻性和针对性的学科发展策略，推动高等教育管理学科的多样化建设。

此外，知识管理还通过有效机制的建立，强化了隐性知识的转化。教师和研究人员的经验和技能往往以隐性知识的形式存在，而知识管理通过将这些隐性知识转化为可共享的显性知识，提升了学科建设的整体水平。隐性知识的显性化不仅有助于知识的传播和共享，还能够提高学科的创新能力和竞争力。在高等教育管理学科的多样化建设中，隐性知识的有效转化是实现学科持续发展的关键因素。

知识管理的另一个重要作用在于支持学习型组织的建设。通过鼓励高等教育管理者和参与者持续学习与反思，知识管理帮助他们适应快速变化的教育环境，促进高等教育管理学科的持续发展与优化。在学习型组织中，个体和组织的学习能力是核心竞争力，而知识管理通过提供持续学习的平台和工具，促进了这种学习能力的提升。高等教育管理学科的多样化建设需要不断适应外部环境的变化，知识管理为这种适应性提供了强有力的支持，使学科能够在动态变化中保持持续的创新和发展。

五、创新理论与高等教育管理学科多样化

(一)创新理论的基本框架

创新理论在高等教育管理学科建设中的重要性不言而喻。其基本框架强调知识的创造与应用，推动高等教育管理学科的持续发展与优化。在全球化与信息化的背景下，知识的更新速度加快，创新理论通过不断推动知识的创造，确保高等教育管理学科能够紧跟时代步伐。创新不仅仅是对已有知识的再造，更是对新知识的探索和应用，这种不断更新的知识体系为高等教育管理提供了坚实的理论支撑，促进了学科的多样化与发展。

创新理论特别强调跨学科合作的重要性，通过不同领域的知识整合，促进高等教育管理的创新与发展。跨学科合作不仅能够打破传统学科界限，还能激发新的思维方式和解决问题的方案。在高等教育管理中，跨学科的合作能够带来全新的视角和方法，促进教育管理的创新，提升管理效率和效果。这种合作的模式也

为培养具有综合能力的人才提供了可能，使他们能够在复杂多变的环境中发挥更大的作用。

在管理模式上，创新理论倡导灵活性，鼓励高等教育管理者根据环境变化快速调整策略以应对新挑战。在瞬息万变的现代社会，传统的管理模式已无法满足高等教育管理的需求。创新理论为高等教育管理者提供了一个灵活的框架，使他们能够在面对不确定性和复杂环境时，迅速调整策略，保持管理的有效性和前瞻性。这种灵活的管理模式为高等教育管理的可持续发展提供了保障。

创新理论还强调参与者的主动性与创造力，激励教师和学生在高等教育管理中积极探索新方法与新思路。通过激发教师和学生的创造力，创新理论为高等教育管理注入了新的活力。教师和学生作为教育管理的重要参与者，他们的积极性和创造力直接影响着教育管理的成效。通过鼓励探索和创新，教育管理能够不断适应新的需求和挑战，实现管理效率和教育质量的提升。

（二）高等教育管理学科多样化中的创新驱动

高等教育管理学科多样化中的创新驱动，是高等教育管理学科建设发展的重要引擎。在全球化与信息化的背景下，创新驱动成为高等教育管理学科多样化建设的核心动力。通过跨学科的创新实践，高等教育管理能够更好地适应社会需求的变化，推动新型教育模式的形成与实施。这不仅包括理论上的创新，也涵盖了教育管理实践的创新。跨学科创新促进了高等教育管理的实践应用，使教育管理能够在多样化的知识背景下，形成更加灵活和有针对性的教育策略。

为实现创新驱动目标，许多高等教育机构通过建立创新实验室或孵化器，激励学生和教师共同开发教育管理的新工具和方法。这些创新空间为师生提供了一个自由探索与合作的平台，鼓励他们大胆的尝试和创新。这种方式不仅可以培养学生的创新能力，还能激发教师在教学和科研中的创造性思维，从而推动整个教育管理体系的进步。

此外，信息技术和数字化平台的广泛应用，为高等教育管理的创新能力提升提供了有力支持。通过这些技术手段，教育资源得以高效共享与利用，进一步推动了教育管理的现代化进程。数字化平台不仅提高了教育管理的效率，还为教师和学生提供了更多的学习和研究机会，促进了教育管理领域的创新发展。这种技术与教育管理的深度融合，是实现高等教育管理学科多样化的重要途径之一。

鼓励教师参与跨领域的研究项目，是激发不同学科知识交叉融合的有效策略。这种跨学科的研究不仅拓宽了教师的学术视野，还激发了高等教育管理的创新思维。通过跨领域合作，教师能够将不同学科的知识和方法论引入教育管理研究中，形成新的教育管理理论和实践模式。这种创新思维的激发，是高等教育管理学科建设多样化的重要推动力。

(三)创新理论对高等教育管理学科多样化建设的指导作用

创新理论强调高等教育管理学科的动态适应性，指导高等教育管理者在面对快速变化的教育环境时灵活调整策略，以实现更高效的管理。教育环境的快速变化要求高等教育管理者具备敏锐的洞察力和灵活的应对能力，而创新理论为此提供了理论支持。通过对创新理论的深入理解，高等教育管理者可以更好地应对教育管理中的不确定性，确保学科建设的持续推进。

通过创新理论，高等教育管理者能够识别和利用新兴技术与方法，推动高等教育管理的现代化与数字化转型，提升高等教育管理学科的整体竞争力。在现代教育管理中，技术的应用已成为不可或缺的一部分。创新理论为高等教育管理者提供了识别和应用这些新兴技术的框架，帮助他们在学科建设中保持竞争力。数字化转型不仅是技术的应用，更是管理模式的创新，创新理论在这一过程中发挥了重要的引导作用。

创新理论鼓励跨学科合作，促进不同学科之间的知识交流与资源整合，从而激发高等教育管理中的创新思维与实践应用。跨学科合作是现代教育管理中的一个重要趋势，创新理论为这种合作提供了理论基础。通过跨学科的知识交流，高等教育管理者能够获得新的视角和解决方案，从而推动教育管理实践的创新。这种合作不仅有助于资源的有效整合，也为高等教育管理学科的多样化发展提供了新的动力。

在高等教育管理学科建设中，创新理论支持实践导向的教育模式，强调通过实际操作与反馈促进高等教育管理的改进与优化。实践导向的教育模式强调在真实情境中学习和应用知识，创新理论为这种模式提供了理论支持。通过实际操作，学生和高等教育管理者能够更好地理解理论知识的应用价值，从而促进教育管理的持续改进。这种实践导向的教育模式不仅提高了教育质量，也为学科建设提供了新的方向。

第三节 高等教育管理学科建设多样化的价值

一、高等教育管理学科多样化的学术价值

(一)促进学科交叉与知识创新

高等教育管理学科的多样化为学术界带来了深远的影响,特别是在促进学科交叉与知识创新方面。通过多样化的学科建设,不同领域的学者能够在一个平台上进行合作,组成跨学科的研究团队。这种合作不仅增强了高等教育管理的综合性和适应性,还为解决复杂的教育问题提供了新的视角和方法。多样化的课程设置使学生能够接触到不同领域的知识,激发他们的创新思维。这种知识的融合推动了高等教育管理理论的发展,使理论研究能够更好地服务于实践。

学科交叉为高等教育管理提供了新的视角,特别是在面对复杂教育问题时,能够进行深入分析并提出创新的解决方案。这种交叉学科的视角打破了传统学科的界限,使研究者能够从多个角度理解和解决问题。多样化的研究方法结合了定量与定性分析,丰富了教育管理的研究工具,提高了研究的深度与广度。这种方法论的多样性使研究结果更加全面和可靠,为政策制定者和教育高等教育管理者提供了更为坚实的科学依据。

(二)拓展高等教育管理学科研究的深度与广度

在高等教育管理学科的建设过程中,学科多样化的学术价值不可忽视。多样化的课程设置不仅引入了不同学科的理论与实践,还极大地拓宽了学生的知识视野。这种多样化的培养方式,提升了学生的综合素养,使其能够更全面地理解和应用教育管理的理论知识。通过引入不同学科的视角,学生不仅能够在教育管理领域内进行深入的研究,还能将这些理论应用于实际问题的解决,从而实现理论与实践的有机结合。这种跨学科的学习模式,不仅丰富了学生的知识体系,也为其未来的发展提供了更多可能性。

在研究方法上,多样化的学科建设强调采用多元的研究方法,结合定量与定性分析,以提升高等教育管理研究的深度、广度与科学性。通过这种方法结合,研究者能够更全面地分析和理解教育管理中的复杂问题,从而提出更具科学性和实

用性的解决方案。这种方法上的创新，不仅提高了研究的严谨性和可靠性，还为教育管理研究提供了更为广阔的视野和思路。同时，这种多样化的研究方法也鼓励研究者不断探索新的研究主题和问题，推动教育管理研究的不断进步和发展。

跨学科的合作研究是推动高等教育管理领域创新的重要途径。通过与其他学科的合作，教育管理研究者能够实现知识的共享和交流，从而推动理论和实践的创新。这种合作不仅有助于打破学科之间的壁垒，还能激发研究者的创新思维，促使他们提出新的研究问题和解决方案。在这种合作模式下，教育管理研究者不仅能够吸收其他学科的先进理论和方法，还能将自身的研究成果应用于其他领域，实现知识的双向流动和共同进步。

多样化的学科建设还鼓励研究者探索新的研究主题与问题，从而丰富了教育管理的研究领域。这种探索精神促使研究者不断挑战现有的理论和实践，寻找新的突破口。这不仅有助于推动教育管理研究的不断发展，还能为教育政策的制定和实施提供科学依据。同时，这种研究领域的拓展也为高等教育管理学科的发展提供了新的动力，促使其在不断变化的社会环境中保持活力和创新。

（三）推动学术生态的多元化发展

高等教育管理学科的多样化建设在推动学术生态的多元化发展方面具有重要的学术价值。多样化的高等教育管理学科建设不仅促进了学术界内不同领域之间的合作与协同，还形成了更加丰富的学术生态系统。在这一过程中，通过引入多样化的课程和研究方向，高等教育管理学科的创新能力得到了显著提升。此外，这种多样化的发展模式激发了学术活动的活力和创造性，使学术界能够在不断变化的全球教育环境中保持竞争力。

多样化的学科建设为学术界提供了多元的视角，有助于更全面地理解高等教育管理中的复杂问题。这种多元化的视角促进了理论与实践的结合，使学术研究不仅仅停留在理论探讨的层面，还能够更好地解决实际问题。通过鼓励跨学科的交流与合作，知识的共享与传播得到了极大的推动，增强了学术界的整体竞争力和影响力。学术界在这种多元化的环境中，能够更好地应对来自国内外的各种挑战，从而在全球教育管理领域占据更为重要的地位。

多样化的高等教育管理学科建设还为学术研究提供了更为广泛的资源与支持，促进了学术人才的培养与发展。通过多样化的学科建设，学术界不仅能够吸引更多的优秀人才加入，还能够为这些人才提供更为丰富的研究资源和发展空间。这种环境有助于提升学术生态的可持续性，使学术界能够在未来的发展中保持活力和创新能力。综上所述，高等教育管理学科的多样化建设在推动学术生态的多元化发展中扮演了至关重要的角色，为学术界的长远发展奠定了坚实的基础。

二、高等教育管理学科多样化的社会价值

（一）满足社会对多样化人才的需求

高等教育管理学科的多样化建设在满足社会对多样化人才的需求方面具有重要的价值。社会对复合型人才的需求日益增长，高等教育管理学科通过多样化的培养模式，使学生具备跨学科的知识背景与实践能力。这种培养模式不仅关注学生的专业知识积累，还强调实践能力的提升，使学生能够在复杂多变的社会环境中灵活应对各种挑战。通过课程的多样化设置，学生在批判性思维、创新能力和团队合作等软技能方面得到全面发展，这些都是现代社会职业要求中不可或缺的素质。在这个过程中，学生不仅掌握了理论知识，还通过实践锻炼了实际操作能力，为其未来的职业发展打下坚实基础。

高等教育管理学科的多样化建设还通过对行业需求的响应，培养出符合特定行业要求的专业人才。不同的行业对人才的需求各异，高等教育管理学科通过调整课程内容和教学方式，使学生获得从事特定行业所需的专业知识与管理能力。这种针对性的培养方式，不仅提高了学生的专业素养，也增强了他们在职场中的竞争力。多样化的教育模式，如在线学习与实践课程相结合，为学生提供了更加灵活的学习途径，使其能够适应不同的学习环境。这种灵活性不仅提高了学生的学习效率，也增强了他们在多元化工作环境中的适应能力。

（二）促进教育与社会的协同发展

高等教育管理学科的多样化建设对促进教育与社会的协同发展具有重要的价值。高等教育管理学科的多样化建设能够有效地促进教育内容与社会需求的对接。这种对接使教育内容更加实用和具有针对性，能够更好地满足社会各界的需求。在现代社会中，社会需求的多样化和复杂性不断增加，传统单一的教育模式难以满足这种变化。通过多样化的学科建设，高等教育可以迅速响应社会的变化，调整教育内容，以培养出具有更强实用技能和创新能力的人才。

高等教育管理学科通过建立产学合作机制，进一步推动了理论与实践的结合。产学合作不仅是高等教育管理学科多样化的重要表现形式之一，也是实现教

育与社会协同发展的有效途径。通过这种机制,高等教育机构可以充分利用社会资源,将理论学习与实际应用相结合,使学生在学习过程中就能接触到真实的社会问题。这种结合不仅提高了学生的实践能力,也为社会提供了更多的创新解决方案,从而实现教育与社会的双赢。

多样化的教育模式为学生提供了多样化的学习体验,这极大地增强了学生适应社会变化的能力与灵活性。在多样化的教育环境中,学生能够接触到不同的学科视角和实践方法,这种多样化的学习经历使他们在面对快速变化的社会时,能够灵活应对各种挑战。这种能力的培养不仅有助于学生的个人发展,也为社会提供了更多能够适应变化和推动创新的人才。

高等教育管理学科的多样化建设还促进了社会对教育成果的认可,提升了教育的社会价值与影响力。通过多样化的课程设置和教学方法,高等教育机构能够更好地展示其教育成果的多样性和创新性。这种展示不仅提高了高等教育机构的声誉,也提升了教育成果在社会中的认可度。这种认可度的提升,进一步促进了教育与社会之间的良性互动,使教育成为推动社会进步的重要力量。

(三)拓展高等教育的社会服务功能

高等教育管理学科的多样化建设对拓展高等教育的社会服务功能具有重要意义。高等教育管理学科通过开展多样化的社会服务项目,不仅增强了学生参与社区发展和解决社会问题的能力,也在提升学生的社会责任感与实践能力方面发挥了关键作用。这种参与不仅包括理论学习,还包括实践活动,使学生在真实环境中运用所学知识,增强其对社会的理解和贡献能力。

多样化的课程设置是拓展高等教育社会服务功能的另一重要方面。课程中增设社会服务相关模块,使学生能够掌握服务社会的理论与实践技能。这种课程设计不仅提高了学生的社会意识,还显著增强了他们的职业竞争力。在面对复杂社会问题时,学生能够创新性地运用跨学科知识解决问题,展现出高等教育管理学科在培养社会服务人才方面的独特优势。

此外,高等教育管理学科通过与地方政府和企业的合作,建立了产学研结合的模式。这种合作模式不仅推动了社会服务与教育的深度融合,还为学生提供了更多的实践机会。在这种模式下,学生不仅能够学习到先进的管理理念,还能将其应用于实际的社会服务项目中,进一步推动了社会的可持续发展。

高等教育管理学科的多样化建设还促进了社会服务创新,鼓励学生和教师共同开发符合社会需求的服务项目与解决方案。通过这种创新实践,学生能够在社会服务中发现问题、分析问题并提出解决方案,培养了他们的创新思维和实际操作能力。这种创新不仅提高了社会服务的质量,也为高等教育管理学科的持续发展注入了新的活力。

三、高等教育管理学科多样化的教育价值

(一)丰富教学内容与课程体系

高等教育管理学科的多样化建设在丰富教学内容与课程体系方面具有重要的价值。多样化的课程体系构建能够更好地满足不同学生的学习需求和职业发展需求。多样化的课程体系不仅有助于学生在学术领域获得更广泛的知识,还能为他们在职业生涯中提供更多的选择和机会。这种课程体系的设计需要考虑学生的兴趣、能力和未来的职业规划,以确保每名学生都能从中受益。

此外,引入跨学科的课程内容是高等教育管理学科多样化的重要体现。通过跨学科的学习,学生能够在不同的知识领域之间建立联系,促进综合素质的提升和创新能力的培养。跨学科课程不仅拓宽了学生的视野,还培养了他们的批判性思维和解决复杂问题的能力。这种教育模式要求教师具备多学科的知识背景和灵活的教学策略,以引导学生在多样化的学习环境中获得最大化的成长。

设立实践导向的课程模块是高等教育管理学科多样化建设的另一个重要方面。通过实践导向的学习,学生可以增强实际操作能力和解决问题的能力。这些课程模块通过模拟真实的工作环境和问题情境,使学生在理论学习的同时,能够将知识应用于实际问题的解决中。实践导向的课程不仅提高了学生的动手能力,还增强了他们的团队合作和沟通能力,为他们未来的职业发展打下坚实的基础。

结合最新的教育技术,开发在线学习和混合学习课程是适应现代学习环境变化的必要举措。随着信息技术的快速发展,教育领域也在不断创新和发展。在线学习和混合学习课程提供了灵活的学习方式,使学生能够根据自己的时间和学习进度进行学习。这种教学方式不仅提高了学生学习的自主性和灵活性,还促进了教育资源的共享和优化,极大地提升了高等教育管理学科的教学质量和效率。

(二)提升学生的综合素质与能力

高等教育管理学科的多样化建设在提升学生综合素质与能力方面具有重要的价值。多样化的课程设计是这一过程的其核心,精心构建的课程内容和教学方

法，能够培养学生的批判性思维。在复杂的高等教育管理环境中，批判性思维尤为重要，它使学生能够进行有效的分析与判断，帮助他们在面对复杂问题时找到创新的解决方案。批判性思维的培养不仅有助于学生在学术领域的成长，也为其未来职业生涯的发展奠定了坚实的基础。

通过提供实践导向的学习机会，学生的实际操作能力得以提升。这种能力的提升使学生能够将理论知识应用于真实的高等教育管理情境中，形成理论与实践的良性互动。实践导向的学习方式不仅提高了学生的动手能力，还增强了他们的适应性和灵活性，使其能够应对教育管理中的各种挑战。同时，这种学习方式也激发了学生的学习兴趣，使其在实践活动中获得成就感和自信心。

在高等教育管理学科的多样化建设中，跨学科的学习与合作被广泛鼓励。这种学习模式提升了学生的团队合作能力，使他们能够在多元环境中进行有效的沟通与协作。跨学科的学习不仅拓宽了学生的知识面，也培养了他们的包容性和开放性思维。这种能力在当今全球化的教育环境中尤为重要，因为它使学生能够在多元文化背景下进行有效的交流与合作，为他们的国际化发展提供了重要支持。

多样化的评估方式是提升学生自主学习与反思能力的关键。通过灵活多样的评估手段，学生可以在学习过程中不断调整自己的学习策略，提升学习效果。这种评估方式不仅关注学生的学习结果，更注重学习过程中的反思与改进。它鼓励学生主动参与学习，培养其自主学习的能力，使其在面对未来的学习和工作挑战时能够更加自信和从容。

(三)推动教育模式的创新发展

在高等教育管理学科的多样化建设中，推动教育模式的创新发展具有重要意义。教育模式的创新不仅是对传统教育方法的挑战，更是适应现代社会快速变化和多样化需求的必然选择。创新教育模式，可以更有效地培养学生的综合素质和创新能力，使其能够在复杂多变的社会环境中脱颖而出。教育模式的创新发展需要结合多种教学方法和工具，以实现更高效的教育目标。

混合学习模式的实施是教育模式创新的重要方向之一。通过在线课程与面授课程的结合，学生的学习灵活性与参与度得到了显著提升。在线课程提供了丰富的学习资源和灵活的学习时间，而面授课程则为学生提供了直接与教师和同学互动的机会。这种模式不仅提高了学生的自主学习能力，还增强了他们的时间管理和自我约束能力，从而促进了学习效果的提升。

项目导向学习的引入为学生提供了在真实项目中应用理论知识的机会。通过这种学习方式,学生不仅能更好地理解和掌握理论知识,还能培养实际操作能力与团队合作精神。在项目导向学习中,学生需要面对真实世界中的问题,寻找解决方案,这一过程有效地锻炼了他们的创新思维和解决问题的能力。此外,团队合作的经历也提高了学生的沟通能力和协作意识,为他们未来的职业发展奠定了坚实的基础。

翻转课堂作为一种创新的教学方法,通过让学生在课外自主学习,课堂时间用于讨论与实践,极大地增强了学习效果。在翻转课堂中,学生可以根据自己的节奏掌握基础知识,而课堂则成为思想碰撞和知识应用的场所。这种教学方法不仅激发了学生的学习兴趣,还培养了他们的批判性思维和自主学习能力,使其能够更好地应对未来的学习和工作挑战。

利用虚拟现实与增强现实技术,创造沉浸式学习体验,是教育模式创新的另一重要体现。通过这些技术,学生可以身临其境地体验复杂的高等教育管理情境,从而更好地理解和应对这些情境带来的挑战。这种沉浸式的学习体验不仅提高了学生的学习兴趣,还提升了他们的实践能力和适应能力,为其未来的发展提供了重要的支撑。

四、高等教育管理学科多样化的文化价值

(一)促进多元文化的交流与融合

多元文化的交流与融合在高等教育管理学科的多样化建设中扮演着至关重要的角色。通过多样化的课程设置,学生不仅可以接触到来自不同国家和地区的高等教育管理经验,还可以拓展学术视野,提升实践能力。多元文化的交流不仅仅是知识的传递,更是思想的碰撞与融合,促进了学生全球视野的形成。学生在学习过程中,通过对比与借鉴不同文化背景下的教育理念与实践,能够更好地理解和尊重多元文化,从而提升其在全球化背景下的适应能力。

多元文化的交流不仅仅能提升学生个人能力,同时也为高等教育管理领域带来了创新的解决方案。在多元的文化环境中,学生被鼓励去探索新的管理理念与方法,这种探索精神是推动教育管理创新的动力源泉。通过在不同文化背景下的实践,学生能够更好地理解不同管理方式的优劣,并在此基础上提出更具创意的解决方案。这不仅提升了学生的个人能力,也为整个高等教育管理学科的进步提供了新的思路和方向。

多元文化交流的机会还大大增强了学生的适应能力,使其能够在全球化背景下有效地沟通与合作。这种能力在当今全球化的职业环境中显得尤为重要。通过参与多样化的学科建设,学生能够在实践中锻炼自己的多元文化沟通能力,提升其职业竞争力。与此同时,这种交流也培养了学生的包容心与社会责任感,使他们在未来的职业生涯中能够更好地推动高等教育管理的可持续发展。在多元文化的交汇中,学生不仅学会了如何更好地与他人合作,也意识到了自身在促进文化多样性中的责任。

(二)增强高等教育管理学科的文化包容性

高等教育管理学科的多样化建设在全球化背景下具有重要的文化价值。首先,多样化的课程设置通过引入不同文化背景的教育理念,能够有效增强学生对多元文化的理解与适应能力。这不仅体现在课程内容的广泛性和深度上,还体现在课程设计中对不同文化视角的包容与尊重上。学生在接受多元文化教育的过程中,能够更好地理解和适应全球化带来的文化多样性挑战,从而提升其在国际舞台上的竞争力。

国际合作与交流项目在高等教育管理学科的多样化建设中扮演着不可或缺的角色。这些项目为学生提供了在真实的多元文化环境中学习与实践的机会,使他们能够在多元文化的背景下锻炼自己的沟通能力和适应能力。通过参与这些项目,学生不仅可以了解不同文化在高等教育管理中的独特贡献,还能在实践中提升自己的多元文化沟通能力,这对其未来的职业发展具有重要意义。

在课程教学中,教师的全球视野至关重要。教师通过在课程中融入全球视野,能够帮助学生认识不同文化在高等教育管理中的独特贡献与价值。这种教学方法不仅丰富了学生的知识体系,还激发了他们对不同文化的兴趣与尊重。教师在课程中所传递的全球视野,能够引导学生以更加开放和包容的心态看待世界,进而培养他们成为具有国际视野和文化包容力的教育管理人才。

多元文化的学习社区是高等教育管理学科多样化建设的另一个重要组成部分。通过建立多元文化的学习社区,学生之间能够进行文化交流与互动,增强文化包容性与合作精神。这种互动不仅可以在课堂内实现,还可以通过各种课外活动和项目来实现。多元文化的学习社区为学生提供了一个包容和多元的环境,使他们能够在相互尊重和理解的基础上,开展富有成效的合作与交流。

(三)推动高等教育文化的多样性发展

高等教育管理学科的多样化建设在推动高等教育文化的多样性发展中扮演着至关重要的角色。高等教育机构不仅是知识传授的场所,更是文化传承与创新的摇篮。在全球化背景下,推动高等教育文化多样性的发展,能够丰富教育内容,提升教育质量,为学生提供更为广阔的视野。多样化的文化价值体现在高等教育机构通过多元文化的融入,增强了学生的多元文化理解与适应能力。这不仅提升了学生的国际竞争力,也为我国高等教育机构在国际舞台上赢得了声誉。

政策支持是高等教育文化多样性发展的重要保障。各国政府通过制定相关政策,确保高等教育机构在文化传承与创新方面拥有自主性与灵活性。政策的支持使高等教育机构能够在课程设置中大胆融入多元文化元素,培养学生的多元文化理解与适应能力。通过政策引导,高等教育机构得以在文化活动中体现多样性,促进学生对不同文化的认知与尊重。这种政策支持不仅有利于高等教育机构的发展,也为社会的文化多样性奠定了基础。

建立多样化的文化交流平台是促进国内外高等教育机构之间学术与文化互动的有效途径。通过这些平台,国内外的高等教育机构可以分享经验,互相学习,拓宽教育文化的全球视野。文化交流平台的建立,不仅促进了高等教育的国际化进程,也为学生提供了更多了解和体验不同文化的机会。通过参与国际学术会议、文化节等活动,学生能够更好地理解和尊重不同文化,拓宽国际视野,提升多元文化交际能力。

鼓励高等教育机构在课程设置中融入多元文化元素,是培养学生多元文化理解与适应能力的重要措施。随着全球化进程的加快,学生在未来的职业生涯中将面临更多的多元文化交流与合作。通过在课程中融入多元文化内容,学生能够在学习中提升其多元文化理解和适应能力。这不仅增强了学生的国际竞争力,也使其在多元文化环境中更具包容性和适应性。

多样化的高等教育文化活动,如文化节、讲座和研讨会,是促进学生对不同文化的认知与尊重的重要途径。这些活动活跃了校园文化氛围,使学生在多元化的文化环境中成长。通过参与这些活动,学生能够更好地理解不同文化的内涵和价值,培养社会责任感与服务意识。多样化的文化活动,不仅提升了学生的文化素养,也推动了社会对多元文化的理解与包容。

第二章 高等教育管理学科建设的课程体系多样化

第一节 课程体系设计的原则与目标

一、课程体系设计的基本原则

(一)学生中心原则

高等教育管理学科的课程体系设计应以学生为中心,确保课程内容能够满足学生的需求与兴趣。这一原则强调课程设计不仅要关注学生当前的学习需求,还要考虑他们的职业发展和个人成长轨迹。课程内容应与学生未来的职业目标相契合,帮助他们在激烈的职场竞争中脱颖而出。这种以学生为中心的设计理念,要求教育工作者在课程规划过程中深入了解学生的兴趣点和发展方向,从而设计出更具吸引力和实用性的课程。

在课程设计中,互动与参与是提升学生学习效果的重要手段。课程体系应鼓励学生积极参与课堂讨论和实践活动,通过互动式教学方法激发学生的学习热情。互动式教学方法不仅提高了学生的参与度,还能通过实践环节帮助他们更好地理解和应用所学知识。学生在这样的学习环境中,不仅仅是知识的接受者,更是知识的创造者和应用者,进而提升了综合素质和实际操作能力。

课程评估是课程体系设计的重要组成部分,应充分考虑学生的反馈与表现。通过收集学生在课程中的反馈意见,教育者可以及时调整课程内容和教学方法,以更好地适应学生的学习进度和风格。这种动态调整机制能够确保课程始终与时俱进,满足学生不断变化的学习需求。同时,评估过程中的学生表现也为课程的改进提供了重要依据,确保课程设计能够持续优化。

注重跨学科的整合是现代课程体系设计的趋势之一。高等教育管理学科的课程体系应涵盖多样化的知识领域,培养学生的综合素质和创新能力。通过跨学科的学习,学生能够获得更广阔的知识视野和更强的创新思维能力,这对于他们在未来复杂多变的社会环境中进行有效的决策和管理具有重要意义。跨学科的课程设计不仅丰富了学生的学习体验，还培养了他们多角度解决问题的能力。

（二）能力导向原则

课程体系应明确培养目标，确保课程设计与学生未来职业生涯所需的核心能力相匹配。这意味着在课程规划阶段，需要深入分析行业需求，明确哪些能力是学生在未来职业生涯中必备的，并将这些能力作为课程设计的核心导向。通过系统化的课程安排和教学内容的精心设计，确保学生在学习过程中逐步积累和提升这些核心能力，为他们的职业发展奠定坚实基础。

在课程体系设计中，重视实用技能的培养是能力导向原则的另一重要体现。通过实践性课程，学生能够在真实的情境中应用所学知识，提升实际操作能力和解决问题的能力。这不仅包括课堂上的模拟练习和案例分析，还包括校外实习和行业合作项目等多种实践形式。通过这些实践活动，学生能够更好地理解理论与实践的结合，增强在复杂环境中进行有效决策的能力，从而在未来的职业生涯中更具竞争力。

此外，课程体系设计应融入批判性思维和创新能力的培养，鼓励学生在分析和解决实际问题时展现创造性。这需要教师在教学过程中引导学生进行深度思考，提出开放性问题，并鼓励多样化的思维方式。通过讨论、辩论和项目研究等教学方法，学生可以在批判性分析中锻炼思维的敏捷性和创造力。这样的教育模式不仅提升了学生的学术能力，也为他们在未来的职业生涯中面对复杂问题时提供了多样化的思维工具。

（三）学科融合原则

在高等教育管理学科多样化建设中，学科融合原则是课程体系设计的重要指导思想。课程体系应融合多学科知识，鼓励学生在不同领域之间建立联系，提升综合分析能力。这种多学科的融合不仅有助于学生在复杂问题面前进行全面思考，还能培养他们在面对不确定性环境时的适应能力。通过将不同学科的理论和实践相结合，学生能够更好地理解和应用所学知识，从而在学术和职业生涯中获得更大的成功。

此外，跨学科项目和合作学习是培养学生团队协作能力和多元文化沟通能力的有效手段。在高等教育管理学科中，跨学科项目可以让学生在真实的情境中应用多学科知识，解决复杂的管理问题。这种学习方式不仅提高了学生的实践能力，还增强了他们的团队合作精神和多元文化交流能力。通过参与跨学科项目，学生能够更好地理解不同文化背景下的管理实践，从而为未来的国际化职业生涯做好准备。

课程体系设计还应结合社会需求与行业发展，确保学生所学知识能够适应快速变化的职业环境。随着社会和行业的不断变化，高等教育管理学科的课程内容也需要及时更新，以反映最新的行业趋势和技术发展。通过与行业专家合作，课程体系设计可以更好地满足市场需求，为学生提供具有实际应用价值的知识和技能，从而增强他们的就业竞争力。

鼓励学科之间的知识共享与资源整合，是推动课程内容创新与更新的重要途径。在高等教育管理学科多样化建设中，学科之间的合作与交流可以实现资源的最大化利用，提升教育质量。知识共享不仅有助于课程内容的创新，还能激发教师和学生的创造力，推动教育教学发展。通过不断地更新和优化课程内容，高等教育机构能够更好地满足学生的学习需求和社会的发展要求。

（四）社会需求导向原则

课程体系设计应始终以满足社会需求为导向，确保所提供的教育与市场的实际需求紧密结合。随着社会经济的快速发展，各行业对人才的要求也在不断变化。因此，课程体系必须根据行业需求进行动态调整，以使学生所学内容能够有效满足市场对专业人才的具体要求。这不仅有助于增强学生的就业竞争力，也能更好地服务社会的整体发展。

为了实现社会需求导向的课程体系设计，高等教育机构应积极与企业和社会组织建立合作关系，创建实习和实践基地。通过这种合作，学生能够在真实的工作环境中学习并应用所学知识，提升实践能力。这种基于实践的学习方式，不仅能帮助学生更好地理解理论知识，还能培养他们解决实际问题的能力。此外，实习和实践经历也为学生提供了宝贵的职业发展机会，使他们在毕业后能够更快地适应职场。

在课程体系设计过程中，还应关注社会热点问题，培养学生的社会责任感和服务意识。现代社会面临诸多挑战，如环境保护、社会公平、科技伦理等，这些都需要具备社会责任感的人才来应对。因此，课程内容应融入这些热点问题，引导学生思考如何运用自身的专业能力为社会作出贡献。通过这种方式，学生不仅能获得专业知识，还能发展出更全面的社会责任意识。

为了确保课程体系始终与社会需求保持一致，高等教育机构需要定期进行社会需求调研。这包括收集用人单位和行业专家的反馈，以指导课程内容的更新与优化。通过这种方式，课程体系设计能够及时反映行业的最新动态和发展趋势，从而更好地满足用人单位的需求。调研结果不仅能帮助高等教育机构调整课程内容，还能为学生提供更具针对性的职业指导，帮助他们在职业生涯中取得更大的成功。

二、课程体系设计的目标定位

(一)知识目标

掌握高等教育管理的基本概念与理论是知识目标的核心。通过系统的学习，学生能够理解这些概念和理论在教育体系中的重要性和作用，从而为后续的专业学习和职业发展奠定坚实的基础。高等教育管理不仅涉及教育政策和组织行为，还涵盖了资源分配、质量保障和教育创新等多个方面。因此，学生需要具备多学科的知识背景，以便在未来的教育管理实践中灵活运用。

了解高等教育管理领域的主要政策法规是知识目标的另一个重要方面。这些政策法规不仅影响教育管理的日常运作，也决定了教育发展的方向。通过学习和解读这些政策法规，学生能够理解其对教育实践的具体影响，并在实际工作中作出符合政策要求的决策。这一过程不仅有助于提高学生的政策敏感度，还能增强其在复杂教育环境中进行有效管理的能力。

熟悉高等教育管理中的关键数据分析方法是实现知识目标的必要条件。在现代教育管理中，数据分析已成为支持决策和评估的重要工具。学生需要掌握如何收集、分析和解释教育数据，以便为教育决策提供科学依据。通过数据分析，学生可以识别教育系统中的问题，评估教育政策的效果，并提出改进建议。这不仅提高了学生的分析能力，也增强了其在教育管理领域的竞争力。

掌握高等教育管理相关的国际标准与最佳实践是学生拓宽全球视野与提升比较分析能力的重要途径。在全球化背景下，高等教育管理者需要具备国际视野，了解不同国家和地区的教育管理模式和经验。通过学习国际标准与最佳实践，学生可以增强其比较分析能力，从而在全球教育管理领域中占据有利位置。不仅促进了学生的个人发展，也为我国高等教育管理的国际化进程提供了有力支持。

(二)能力目标

在高等教育管理学科的课程体系设计中，能力目标的设定至关重要。具备高等教育管理战略规划能力是课程体系的核心能力目标之一。学生需要学习如何制定和实施有效的管理策略，以提升教育质量和效率。通过系统的课程学习，学生将掌握战略规划的基本理论和实践技能，从而能够在复杂的教育环境中，识别问题、分析问题并提出切实可行的解决方案。这不仅要求学生具备全面的知识储备，还需要培养其灵活运用知识的能力，以应对教育管理中不断涌现的挑战。

此外，掌握教育项目评估与质量保证的方法也是能力目标的重要组成部分。学生需要学习如何进行系统的教育评估，以确保教育项目的质量和效果。课程体系将涵盖评估的基本理论、工具和方法，帮助学生理解评估过程的各个环节。通过案例分析，学生将能够制定改进措施，提升教育项目的整体质量。这一能力的培养，不仅有助于学生在未来的职业生涯中进行有效的项目管理，也为高等教育机构的持续改进提供了科学的方法和依据。

在多方利益相关者之间有效沟通，并促进合作与共识的达成，是另一项关键能力。课程体系设计中，要注重培养学生的沟通与协调能力。学生将学习如何在复杂的组织环境中进行有效的沟通和协调，以达成组织目标。这不仅涉及理论知识的学习，还包括实际技能的训练，如谈判技巧、冲突管理和团队合作等。通过情景模拟和角色扮演等教学方法，学生将在真实情景中锻炼和提升其沟通能力。

（三）素质目标

素质目标在高等教育管理学科课程体系设计中扮演着至关重要的角色。培养批判性思维是素质目标的核心之一。在教育管理中，学生需要具备独立分析和评估各类问题的能力，以便提出合理的解决方案。这一能力不仅有助于学生在学术研究中进行深入探索，还能够帮助学生在实际工作中有效应对复杂的管理挑战。批判性思维的培养要求课程体系设计注重理论与实践的结合，通过案例分析和实践训练，提高学生的分析能力和解决问题的能力。

增强团队合作意识是素质目标的另一个关键方面。在多元文化背景下，高等教育管理者常常需要与不同利益相关者进行有效协作，以推动共同目标的实现。课程体系应通过小组项目和协作学习，帮助学生理解团队合作的重要性，并掌握在不同文化和利益背景下开展有效沟通与合作的技能。这不仅有助于学生在学术和职业生涯中取得成功，也为他们在全球化背景下的教育管理工作做好准备。

提升创新意识是素质目标的重要组成部分。高等教育管理领域面临不断涌现的挑战，需要新方法和新思路来应对。课程体系设计应鼓励学生在教育管理实践中探索创新，支持他们在解决实际问题时提出创造性的解决方案。通过参与创新思维课程和抓住创新实践机会，学生能够在教育管理中保持开放的心态，积极寻求突破传统的思维框架，以应对复杂的教育挑战。

培养社会责任感是素质目标的重要体现。高等教育管理者不仅需要关注教育公平与社会发展，还应积极参与社区服务和社会问题的解决。课程体系应通过社会实践和服务学习项目，增强学生的社会责任感，培养他们对社会问题的敏感性和解决能力。通过这种方式，学生不仅能够在学术上取得进步，还能在社会中发挥积极作用，推动教育和社会的共同进步。

（四）职业目标

在高等教育管理学科的课程体系设计中，职业目标的定位至关重要。课程体系应致力于培养学生在高等教育管理领域的职业道德，使其能够在未来的管理实践中坚持诚信与公正。这不仅是个人职业发展的基石，也是维护教育公平与正义的关键。通过课程内容，学生将深入理解职业道德的重要性，并在实际工作中自觉践行这些原则。这样的教育目标不仅提升了学生的个人素养，也为整个教育管理领域的可持续发展奠定了坚实的基础。

此外，课程体系还需着重于高等教育机构运营管理的基本技能的传授。学生应掌握如何有效管理资源、人员和流程，以提升机构的整体效能。课程体系设计应包括管理学基础、组织行为学、财务管理等核心课程，通过理论与实践的结合，帮助学生在复杂多变的教育环境中，作出科学合理的决策，确保机构的高效运转。这种能力的培养，将使学生在未来的职业生涯中，能够自如应对各种管理挑战。

项目管理能力也是课程体系设计中的一个重要目标。学生需要具备策划、实施和评估教育项目的能力，以确保项目目标的实现和资源的有效利用。课程应通过案例分析、项目模拟等方式，丰富学生的实战经验，培养其在项目管理中的创新思维和解决问题的能力。这样，学生在毕业后，能够迅速适应各种教育项目的需求，推动教育创新和发展。

三、课程体系设计的逻辑框架

（一）基础课程与专业课程的衔接

基础课程与专业课程的有效衔接是高等教育管理学科多样化建设中至关重要的一环。基础课程不仅为学生提供必要的理论支持，而且奠定了学科基础，使学生在进入专业课程学习时，能够更好地理解和掌握复杂的专业知识。通过扎实的基础课程，学生可以获得关键的学术技能和思维方式，为后续的专业课程学习做好充分准备。这种衔接不仅需要课程内容的合理安排，还需要教学方法的创新，以确保学生能够从基础知识中提取有用的信息，并将其应用于专业学习中。

为了确保基础课程为专业课程提供坚实的理论支持，课程设计者需要精心选择和组织教学内容。基础课程应涵盖高等教育管理学科的核心概念和理论框架，帮助学生在学习专业知识时具备扎实的学科基础。通过这种方式，学生能够在基础课程中获得必要的知识储备，从而在专业课程中进行更深入的学术探索。此外，基础课程还应注重培养学生的批判性思维和问题解决能力，使其能够在专业学习中独立思考和创新。

专业课程的设计应充分考虑学生在基础课程中的学习成果，确保其能够在已有知识的基础上进行更深入的专业探索。在设计专业课程时，教育者需要评估学生在基础课程中的学习表现，以便在专业课程中提供适当的挑战和支持。通过这样的设计，学生能够在专业课程中巩固和扩展其基础知识，并发展更高层次的学术能力。此外，专业课程还应注重与基础课程的内容衔接，避免知识断层，确保学生的学习过程连贯且富有成效。

基础课程与专业课程的衔接不仅应体现在理论知识的传递上，还应通过与实践性项目相结合，促进学生在真实情景中应用所学知识。实践性项目为学生提供了一个将理论转化为实际操作的机会，增强了学习的实用性。通过参与实践项目，学生能够更好地理解课程内容，并在解决实际问题的过程中提高专业能力。这种结合不仅有助于提高学生的学习兴趣，还能增强其在就业市场中的竞争力。

（二）理论课程与实践课程的平衡

理论课程与实践课程的平衡在高等教育管理学科多样化建设中具有重要的指导意义。理论课程应提供高等教育管理的核心概念与理论框架，帮助学生建立扎实的知识基础。这些核心概念与理论不仅包括管理学的基本原理，还涉及教育政策、组织行为、教育经济学等领域的知识。通过系统的理论学习，学生能够掌握必要的分析工具和方法，为后续的实践课程学习打下坚实的基础。这种知识的积累是学生在实际操作中进行有效决策和创新的前提条件，也是高等教育管理学科专业素养的体现。

理论与实践课程的结合需要特别注重反馈机制的建立。学生在实践中应用理论知识时，往往会遇到新的挑战和问题，这就要求课程设计能够提供有效的反馈渠道，让学生在实践中反思理论，促进理论知识的深入理解。这种反馈机制不仅可以通过课堂讨论、案例分析等方式实现，还可以通过实践报告和反思性论文等形式鼓励学生总结经验，提出改进建议。通过这种方式，理论知识不再是“死”的条文，而是在实践中不断得到检验和完善的“活”的真理。

课程设计的灵活性在于能够根据学生的学习进度与需求，灵活调整理论与实践的比例。不同的学习阶段，学生对理论和实践的需求可能不同，因此，课程体系应具备一定的弹性，以适应学生的个性化学习途径。初学阶段可能需要更多的理论学习以奠定基础，而在高年级阶段，实践课程的比重可以逐步增加，以培养学生的实际操作能力和问题解决能力。通过这种灵活的调整，课程设计能够确保学生在不同阶段都能获得适宜的学习体验，从而提升其综合素质和专业能力。

（三）必修课程与选修课程的搭配

必修课程与选修课程的搭配在高等教育管理学科多样化建设中扮演着关键角色。必修课程应当涵盖高等教育管理的核心内容，确保学生能够掌握必要的基础知识和技能。必修课程通常包括教育管理理论、教育政策分析、教育法学等，旨在为学生提供一个坚实的知识基础。这不仅有助于学生在后续的专业课程学习中更好地理解和应用所学内容，还能为他们在未来的职业生涯中提供基本的理论支撑和实践指导。

选修课程的设置则应根据学生的兴趣和职业发展方向进行调整。高等教育管理领域的学生可能对不同的方向感兴趣，如教育技术、国际教育管理或教育心理学。通过提供多样化的学习选择，选修课程能够满足学生的个性化需求，帮助他们根据自身的职业规划进行深入学习。这种灵活性不仅能够激发学生的学习兴趣，还能提高他们的自主学习能力和激发他们的创新思维。

在必修课程与选修课程的设置中，知识的连贯性和系统性是需要特别关注的方面。课程体系应确保学生在学习过程中能够形成一个完整的知识结构，避免知识碎片化的问题。通过合理的课程搭配，学生能够在不同课程之间建立联系，形成对高等教育管理的全面理解。这种系统化的知识体系有助于学生在复杂的教育管理环境中进行有效的分析和决策。

（四）学科课程与跨学科课程的融合

在高等教育管理学科多样化建设中，学科课程与跨学科课程的融合是提升教育质量的重要策略。学科课程与跨学科课程的设计应注重明确的共同目标，以确保不同学科间的知识能够有效整合，并为学生提供全面的学习体验。明确的共同目标不仅有助于课程内容的协调一致，还能引导学生在学习过程中建立系统的知识框架。通过这种方式，学生不仅能够深入理解单一学科的核心概念，还能在不同学科间建立联系，形成全面的认知体系。这种融合的课程体系设计要求教育者具备全局观念，能够从整体教育目标出发，合理规划课程内容，确保学生在学习过程中获得多维度的知识和能力。

跨学科课程的设计中，引入实际问题作为切入点是培养学生解决复杂问题能力的有效途径。实际问题通常具有多层次、多角度的特性，能够激发学生从多学科视角进行分析，提升其创新思维和综合应用能力。在跨学科课程中，学生需要运用不同学科的知识和方法来解决问题，这不仅提高了他们的分析能力，也培养了他们的创造性思维。通过这种实践导向的学习方式，学生能够在真实情景中应用所学知识，增强对理论的理解和掌握。同时，这种课程设计也鼓励学生进行深度学习，培养其批判性思维和自主学习能力。

在课程实施过程中，建立跨学科团队是促进教师之间合作与交流的关键。跨学科团队可以集思广益，共同开发和优化课程内容，增强教学效果。教师之间的合作有助于分享不同学科的教学经验和资源，形成教学合力，提高课程的整体质量。通过定期的团队会议和研讨，教师可以就课程设计、教学方法和学生反馈进行深入讨论，及时调整和改进课程内容。此外，跨学科团队的合作还可以为教师提供专业发展的机会，促进其教学能力的提升。

四、课程体系设计的多样性考量

（一）课程内容的多样性

课程内容的多样性在高等教育管理学科多样化建设中扮演着至关重要的角色。通过引入多样化的课程内容，学生可以接触到不同的理论框架和实践方法，这不仅拓宽了他们的学术视野，也为其未来的职业发展奠定了坚实的基础。多样化的课程内容能够激发学生的学习兴趣，培养他们的批判性思维和创新能力，同时，也有助于培养学生的适应能力，使其能够在复杂多变的教育环境中灵活应对各种挑战。

课程内容应关注全球高等教育管理的趋势与挑战，培养学生的国际视野和多元文化理解能力。在全球化背景下,高等教育管理面临许多新兴的挑战和机遇,课程内容必须反映这些变化。通过引入国际案例和比较研究,学生能够更好地理解不同国家和地区的教育管理模式及其效果。国际视野的培养,不仅提升了学生的专业能力,也增强了他们在国际职场中的竞争力和适应性。

课程内容应结合实际工作情境,设计模拟项目和实战演练,以提升学生的实际操作能力和问题解决能力。在理论学习的基础上,结合实际工作情境的课程设计能够帮助学生更好地将理论应用于实践。通过模拟项目和实战演练,学生可以在安全的学习环境中尝试不同的管理策略和方法,培养解决实际问题的能力。这种实践导向的学习方式,有助于学生在毕业后迅速适应职场,并在工作中展现出色的管理能力和领导力。

(二)课程形式的多样性

在当前信息技术迅猛发展的背景下,线上学习与线下课堂的结合成为课程设计的核心策略之一。这种结合不仅适应了不同学生的学习习惯和需求,还为学生提供了更加灵活的学习方式。通过在线平台,学生可以随时随地获取学习资源,进行自主学习,而线下课堂则为学生提供了面对面交流和互动的机会,提升了学习的深度和广度。线上与线下的结合,不仅提高了学生的学习效率,还培养了他们的自律能力和时间管理能力。

采用项目导向的学习形式是课程多样性设计的另一重要方面。通过参与真实项目,学生不仅能够将理论知识应用于实际问题,还能在解决问题的过程中提升实践能力和团队合作精神。这种学习形式强调学生的主动参与和实践操作,提升了他们在复杂情境中的问题解决能力。项目导向学习不仅关注知识的传授,更注重能力的培养,帮助学生在动态变化的社会环境中保持竞争力。此外,项目的实施过程也为学生提供了一个良好的平台,锻炼他们的沟通技巧和领导能力。

跨学科的学习形式是课程多样性设计的重要手段之一。通过设计跨学科课程和组织研讨会,学生可以在不同领域的知识中找到联系,促进知识的整合与创新思维的培养。跨学科学习不仅拓宽了学生的知识面,还鼓励他们打破学科界限,探索新兴领域的知识。这种学习形式强调不同学科之间的相互渗透和融合,培养学生的系统思维和创新能力。跨学科的课程设计为学生提供了一个多元化的学习环境,激发了他们的好奇心和创造力,推动了高等教育管理学科的持续发展。

（三）课程难度的层次性

在高等教育管理学科多样化建设中课程难度的层次性是确保学生在不同学习阶段能够接受适当挑战的关键。课程难度应根据学生的基础水平进行分层设计，这样可以确保所有学生都能在适合自己的难度范围内学习和成长。这种设计不仅关注学生当前的知识水平，还考虑到他们的潜在发展能力，提供一个循序渐进的学习途径，以便每名学生都能在适合自己的学习节奏中获得最好的学习效果。

为了保证课程难度循序渐进，设置不同层次的课程目标是有必要的。通过明确的目标导向，学生能够逐步掌握更复杂的知识和技能，从而增强学习的连贯性和效果。这样的设计有助于学生在完成一个难度层次的课程后，能够顺利过渡到下一个层次。这种逐步递进的学习模式，不仅增强了学生的学习体验，还能有效地提升他们的学术成就感，使他们在学习过程中保持积极性和动力。

逐步增加课程难度的策略，不仅仅是为了提升学生的知识水平，更重要的是培养他们的自信心和独立学习能力。通过面对和克服学习中的挑战，学生能够积累经验和信心，为未来迎接更具挑战性的学习任务做好准备。这种能力的培养对于学生在学术和职业生涯中的长期发展至关重要。它帮助学生在面对复杂问题时能够自主思考和解决问题，成为终身学习者。

（四）课程资源的多样性

为了满足不同学习需求和背景的学生的需要，课程资源应包括多样化的教材与参考书籍。这些教材和参考书籍需要涵盖高等教育管理的各个领域，从而为学生提供全面的知识。这不仅有助于学生理解复杂的管理理论，还能帮助他们在实践中应用所学知识。此外，多样化的课程资源还应考虑到学生的文化背景和学习风格，确保每名学生都能找到适合自己的学习材料。

利用数字资源和在线平台是实现课程资源多样化的另一种有效方式。通过提供丰富的学习材料，如视频讲座、在线课程和虚拟实验室，学生可以在任何时间、任何地点进行学习。这种灵活性不仅提高了学习的可触达性，也使学生能够根据自己的节奏和兴趣进行学习。在线平台还可以提供互动的学习体验，增强学生的参与感和学习效果。这种数字化的学习环境为学生提供了更多的机会去探索和发现新知识。

课程资源的多样性还应通过整合行业专家的讲座和研讨会资源来实现。邀请实践者分享他们的经验和见解，可以促进理论与实践的结合。这样的课程设计不仅能够为学生提供最新的行业动态信息，还能激发他们的创新思维和批判性思维。通过与行业专家的互动，学生可以更好地理解高等教育管理的实际应用，增强在未来职业生涯中的竞争力。

鼓励学生使用开放教育资源（Open Educational Resources，OER）也是实现课程资源多样化的重要途径。OER 提供了免费且可获取的学习材料，支持学生的自主学习和知识的广泛传播。通过使用 OER，学生可以接触到各种前沿知识和研究成果，拓宽视野。同时，OER 还促进了教育的公平性，使更多的学生能够享受到优质的教育资源。这种资源共享的模式不仅有助于学生的个性化学习，还推动了全球教育的合作与发展。

第二节　课程体系的多样化构建

一、基础课程与专业课程的多样化设计

（一）基础课程的优化与拓展

高等教育管理的核心理论与实践是基础课程的核心，确保学生在学习初期能够建立扎实的知识基础。这不仅有助于学生理解专业课程中的复杂概念，也为其未来的职业发展奠定了坚实的基础。通过科学的课程设计，学生能够在早期阶段掌握必要的理论框架和实践技能，从而在后续的学习中更好地应对高等教育管理领域的各种挑战。

基础课程的设计应采用模块化结构，以增强学习的灵活性与针对性。模块化设计允许学生根据自身兴趣和职业目标选择相关模块，从而使学习过程更加个性化和定制化。这种设计不仅能够满足不同学生的学习需求，也能激发学生的学习兴趣，提高学习效果。通过选择适合自己的学习模块，学生可以在有限的时间内将学习效率提升至最高，实现个人学术和职业发展的双重目标。

基础课程必须定期更新和调整，以反映高等教育管理领域的新发展和新挑战，确保课程内容的时效性与相关性。随着全球高等教育管理环境的不断变化，课程内容需要与时俱进，以培养学生应对未来挑战的能力。课程更新的内容应包

括对最新研究成果的整合、行业动态的分析以及政策变化的解读，以确保学生在学习过程中始终处于知识的最前沿，能够在未来的职业生涯中保持竞争力。

（二）专业核心课程的深化与创新

专业核心课程的设计应紧密围绕高等教育管理的前沿理论，结合最新的研究成果，以推动课程内容的创新与更新。通过引入最新的学术研究和行业实践，课程内容可以更好地反映当前高等教育管理领域的发展动态和趋势。这种不断更新的课程设计不仅能够提升学生的理论水平，还能使他们在面对复杂的教育管理问题时具备更强的分析和解决能力。

为了增强专业核心课程的实践性，加强与行业的合作是一个有效的途径。通过建立实习项目和实践基地，学生可以在真实的高等教育管理环境中应用所学知识，丰富实践经验。这种实践环节的融入，不仅有助于提高学生的职业适应能力，还能使他们在进入职场时具备更强的竞争力。此外，行业专家的参与也可以为课程提供宝贵的实务视角，帮助学生更好地理解和应对高等教育管理中的实际挑战。

推动跨学科的课程整合也是深化和创新专业核心课程的重要策略。通过设计综合性项目课程，学生能够在多领域交叉背景下培养创新思维与协作能力。这种跨学科的课程设计可以打破学科之间的界限，促进知识的综合应用。同时，学生在参与综合项目的过程中，可以锻炼团队合作能力和项目管理能力，为未来的职业发展奠定坚实的基础。通过这些措施，专业核心课程不仅能满足高等教育管理学科发展的需求，还能更好地适应高等教育管理领域的多样化和复杂化趋势。

（三）专业方向课程的多样化设置

在高等教育管理学科的课程体系中，专业方向课程的多样化设置是提升学生职业竞争力的关键。专业方向课程应根据不同的职业发展途径进行设计，以适应学生多样化的职业需求。具体而言，这些课程可以涵盖高等教育政策分析、教育领导力、教育评估与质量保障等领域。这种多样化的课程设置不仅为学生提供了更广泛的选择，还使他们能够在特定领域深入发展，满足不同职业的要求。

课程内容的设计应与行业前沿动态紧密结合，以确保学生具备应对未来挑战的能力。例如，随着在线教育的迅速发展，在线教育管理成为一个新兴领域，相关课程的设置有助于学生了解并掌握这一领域的最新技术和管理方法。此外，教育数据分析作为大数据时代的重要领域，也应纳入课程体系中，以增强学生的数据分析能力和决策能力。通过这些新兴课程，学生不仅能够紧跟时代步伐，还能在激烈的就业市场中脱颖而出。

二、课程体系的层次化与模块化

(一)课程层次化设计

课程层次化设计在高等教育管理学科多样化建设中扮演着至关重要的角色，尤其是在本科、硕士和博士阶段的有机衔接上。本科阶段的课程设计应注重基础理论的构建。这一阶段的课程旨在为学生提供高等教育管理的核心知识框架，确保他们具备扎实的学术基础。通过系统化的课程，学生能够掌握高等教育管理的基本原理和方法，为后续的深入学习打下坚实的基础。课程内容应涵盖教育政策、管理理论和组织行为等，帮助学生形成全面的知识结构。

博士阶段的课程设计则应聚焦于研究能力的培养。此阶段的教学目标是鼓励学生进行独立研究，推动高等教育管理领域的学术创新与理论发展。博士课程通常包括高级研究方法、专题研究和学术写作等模块，旨在提升学生的批判性思维和创新能力。通过参与科研项目和学术研讨，学生能够在导师的指导下，探索高等教育管理中的前沿问题，逐步发展出独立的研究能力和学术视野，为未来的学术和职业生涯做好准备。

各层次课程应通过明确的学习目标和评估标准，确保学生在不同教育阶段的知识与能力逐步递进，形成完整的学习链条。课程设计不仅要关注知识的传授，还需强调能力的培养和素质的提升。通过建立清晰的学习途径和评估体系，高等教育机构能够有效地跟踪学生的学习进展，确保其在每个阶段都能达到预期的学习效果。这种层次化、模块化的课程体系设计，不仅有助于学生的全面发展，也为高等教育管理学科的持续发展提供了坚实的基础。

(二)课程模块化设计

课程知识模块的设计应围绕高等教育管理的核心概念与理论展开，确保学生能够系统掌握相关知识。这不仅为学生建立了扎实的学术基础，还为其进一步研究和学术发展奠定了坚实的基础。通过深入了解高等教育管理中的关键概念和理论，学生能够在学术讨论和研究中表现出更高的专业素养和学术能力。这种系统化的知识积累对于培养学生的批判性思维和分析能力具有重要意义。

课程能力模块的设计则聚焦于实际操作技能的培养。通过实践性课程和项目导向学习，学生能够在真实环境中提升实践能力。这种教育模式强调理论与实践的结合，鼓励学生在实践中应用和验证所学知识，从而提高解决实际问题的能力。能力模块的设置不仅提升了学生的专业技能，还增强了其在职场中的竞争力。通过模拟真实工作环境和任务，学生能够更好地适应未来的职业挑战，并在实践中不断完善自身的能力。

课程模块化设计还应充分考虑不同学生的需求，提供多样化的学习途径。这种设计理念旨在适应学生的个性化发展与职业规划，帮助他们在学习过程中找到最适合自己的发展方向。通过多样化的课程选择，学生可以根据自身兴趣和职业目标选择不同的学习途径，从而实现个性化的发展。这不仅提高了学生的学习积极性和主动性，还为其未来的职业发展提供了更多的可能性和选择。

（三）课程层次与模块的动态调整

在高等教育管理学科多样化建设中，课程体系的层次化与模块化是实现课程体系多样化的重要途径。课程层次与模块的动态调整是确保课程体系适应性和有效性的关键。这一过程应当基于学生的反馈与学习效果，通过定期评估课程内容和教学方法，确保课程能够满足不断变化的教育需求。动态调整不是对现有课程的简单更新，而是通过深度的反思和实践，确保每一门课程都能与时俱进，为学生提供最优质的教育体验。

建立课程评估机制是动态调整的重要组成部分。有效的评估机制需要综合考虑学生的学习成果、行业需求和社会变化等多方面因素。通过定期的评估和反馈，课程内容与设计可以及时更新，以保持其前瞻性。这种机制不仅有助于课程的持续改进，还能确保课程内容与时俱进，满足社会和行业的最新需求。评估机制的成功实施需要各方的积极参与和支持，以确保课程始终处于领先地位。

课程层次与模块的动态调整需要跨学科团队的协作。教师之间的交流与合作是推动课程内容更新与优化的动力。通过跨学科的视角，课程设计可以打破传统学科界限，形成更具综合性和创新性的课程体系。教师的合作不仅能带来教学方法的多样化，还能激发学生的学习兴趣，培养他们的跨学科思维。这种协作模式是课程体系多样化建设的基础，也是实现高等教育管理学科创新的关键。

三、课程体系的跨学科融合

(一)跨学科课程的设计与实施

跨学科课程的设计与实施在高等教育管理学科多样化建设中具有重要意义。跨学科课程的设计应围绕具体的教育管理问题展开,以确保课程内容能够有效引导学生从多角度分析和解决复杂的教育管理挑战。在跨学科课程中,学生不仅需要掌握单一学科的知识,更需要具备跨学科思维,以应对实际工作中可能遇到的多元问题。课程设计者应注重整合不同学科的知识体系,构建一个能够激发学生批判性思维和创新能力的学习环境,为学生提供一个全方位的学习平台。

在跨学科课程实施过程中,学生的参与是关键。应鼓励学生参与跨学科团队项目,以培养他们的团队合作能力和跨领域沟通技巧。跨学科团队项目不仅能促进学生之间的知识交流与共享,还能帮助他们在实践中应用所学知识,提升解决实际问题的能力。通过跨学科的合作,学生能够更好地理解不同学科之间的联系,从而在知识的整合与创新中受益。此外,教师在课程实施中应扮演引导者的角色,帮助学生在跨学科的框架内探索和发现新知识。

(二)跨学科课程的教学团队建设

教学团队的多样性和深度是确保跨学科课程取得成功的关键。教学团队应由来自不同学科背景的教师组成,这样可以充分利用各自的专业知识和经验,使课程内容更具多样性和深度。通过组建跨学科的教学团队,课程不仅能够涵盖更广泛的知识领域,还能够促进学生在多学科背景下的综合能力培养。

为了保证跨学科课程的有效实施,教学团队成员的定期交流与培训至关重要。这种交流与培训有助于提升教师对不同学科知识的理解与应用能力。通过跨学科的交流,教师可以分享各自的教学经验和专业见解,从而在课程设计中融入多元化的视角。此外,定期的培训活动还可以帮助教师更新知识储备,掌握最新的学术动态和教学方法,以更好地适应不断变化的教育环境和学生需求。

建立跨学科课程的评估机制也是教学团队建设的重要环节。科学的评估机制可以促进教师的反馈与合作,确保课程目标的实现与教学效果的提升。评估机制不仅应关注对课程内容和教学方法的评价,还应关注教师的跨学科合作能力和团队协作效率。通过评估，教学团队可以及时发现问题，调整教学策略，进一步优化课程设计和实施过程，以达到预期的教学效果。

第三节　课程教学方法与手段的创新

一、教学方法的多样化创新

（一）讲授法的优化与创新

在高等教育管理学科的教学中，讲授法作为传统的教学方法，依然具有不可替代的作用。然而，随着教育技术的不断进步，讲授法的优化与创新成为提高教学效果的重要途径。结合多媒体技术的应用，教师可以利用视频、动画和图表等多种视听材料，增强课堂的互动性和学生的参与感。这种方式不仅能够吸引学生的注意力，还能帮助他们更直观地理解复杂的概念和理论。此外，多媒体技术的应用也为教师提供了更丰富的教学资源，使教学内容更加生动和多样化。

在讲授过程中，教师可以通过引入实时问答和小组讨论环节，鼓励学生提出问题和分享观点。这种互动式的教学方法有助于提高课堂的活跃度和学生的参与度，同时也能促进学生思维的碰撞和创新能力的培养。通过让学生在课堂上积极参与讨论，教师不仅能够了解学生的思维方式和理解程度，还能及时调整教学策略，以更好地满足学生的学习需求。此外，这种互动式的教学方法还有助于培养学生的批判性思维和团队合作能力，为他们未来的职业发展奠定坚实的基础。

采用翻转课堂模式也是讲授法优化的一种重要手段。在这种教学模式下，学生在课前自主学习相关材料，课堂时间则用于深入讨论和实践。这种方式不仅能提高学生的自主学习能力，还能促进知识的理解与应用。通过在课堂上进行讨论和实践，学生能够更好地将所学知识应用于实际问题的解决，增强学习的实效性。同时，翻转课堂模式也为教师提供了更多的时间和空间，以便针对学生的不同需求进行个性化指导，提升教学的针对性和有效性。

（二）案例教学法的深化与拓展

案例教学法作为一种行之有效的教学方法，近年来在高等教育管理学科多样化建设中得到了广泛应用与不断深化。其核心在于通过真实案例的分析与讨论，培养学生解决实际问题的能力和批判性思维。通过对国内外高等教育管理案例的比较研究，学生不仅可以了解不同管理模式的历史背景和发展起源，还能从中汲取经验教训，提升自身的管理能力。在深化案例教学法的过程中，教师应注重案例选择的多样性和代表性，以便更好地反映出高等教育管理领域的复杂性和多样化特征。通过引入不同国家和地区的案例，学生能够更加全面地理解全球高等教育管理面临的局限和挑战，从而为未来的职业发展奠定坚实的理论和实践基础。

(三)项目式教学法的实践与应用

项目式教学法的实践与应用在高等教育管理学科多样化建设中具有重要意义。通过参与真实项目，学生能够在实际环境中应用所学知识。这种方法不仅增强了学生解决问题的能力，还使他们在面对复杂情境时具备应对的信心和技巧。在项目的执行过程中，学生需要运用批判性思维分析问题，提出切实可行的解决方案，这一过程为其在未来职业生涯中解决复杂问题奠定了坚实的基础。项目式教学法的核心在于以实践为导向，通过项目的推进帮助学生将理论知识转化为实际操作能力。

项目式教学法特别强调团队合作的重要性。在项目实施过程中，学生通常以小组为单位协作，这种模式不仅促进了学生团队合作精神和沟通能力的提升，还培养了学生的集体责任感。小组成员需要分工合作，协调一致，以确保项目的顺利完成。这种协作过程有助于学生理解团队合作的重要性，并在实践中锻炼其领导能力和协调能力。通过团队合作，学生还能够学习如何有效地交流意见、解决分歧，进而增强在多元化团队中的适应能力。

项目式教学法还强调实践中的反思，通过定期的反馈与评估，帮助学生识别自身优缺点，促进自我改进。在项目结束后，学生需要进行自我评估和小组评估，反思项目执行的全过程。这种反思不仅帮助学生认识到自身在项目中的表现，还为其提供了改进的方向。通过教师的反馈，学生能够更清晰地了解自己的长处和短板，为后续的学习和项目执行积累宝贵的经验。这种持续的反思与改进机制是项目式教学法的重要组成部分。

(四)小组讨论法的组织与实施

小组讨论法是高等教育管理课程实施中一种重要的教学方法，旨在通过集体参与和互动提升学习效果。小组讨论法应明确讨论主题和目标，以确保参与者在讨论中保持聚焦，提高讨论的有效性和针对性。明确的主题和目标能够引导学生在讨论中集中注意力，深入挖掘问题的本质，从而在有限的时间内获得更为丰富的学习体验。此外，清晰的目标还能够帮助学生在讨论过程中进行自我评估，确保他们的发言和思考始终围绕主题展开。这种方法不仅有助于学生理解课程内容，还能培养其逻辑思维和表达能力。

在小组讨论中，应设定合理的时间限制，确保每名参与者都有机会发言，并促进高效的时间管理。合理的时间管理可以防止讨论过于冗长，确保每名学生都有机会表达自己的观点，从而在小组内形成多元化的思维碰撞。时间限制有助于培养学生在有限时间内组织和表达思想的能力，这对于他们在未来的职业生涯中进行有效沟通至关重要。通过这种方式，学生不仅能够提高自身的时间管理能力，还能在讨论中学会倾听他人，理解不同的观点，增强团队协作意识。

教师应在小组讨论前提供相关背景资料和引导问题，以帮助学生做好准备，提升讨论的深度和质量。背景资料的提供能够使学生在讨论前进行充分的准备，确保他们在讨论过程中能够提出有深度的见解。引导问题则可以引导学生的思考方向，使他们在讨论中不偏离主题，保持讨论的高效性和针对性。通过教师的引导，学生能够更好地理解讨论的背景和意义，从而在讨论中提出更具建设性的观点，并在相互交流中加深对课程内容的理解。

二、教学手段的现代化应用

(一)多媒体教学手段的应用与优化

多媒体教学手段在高等教育管理学科多样化建设中扮演着至关重要的角色，其应用与优化直接影响教学效果。多媒体教学应整合视频、音频和动画等多种形式，以增强课堂内容的生动性和趣味性。这种多感官的刺激能够有效提高学生的学习兴趣和参与度，使抽象的管理理论变得更加具象和易于理解。此外，通过生动的多媒体展示，学生可以更直观地感受高等教育管理学科的实际应用场景，从而激发他们的学习动机和创新思维。

互动式多媒体工具的使用为教师提供了一个实时互动的平台。教师可以通过这些工具实时收集学生的反馈和问题，从而及时调整教学内容和进度。这种灵活的教学方式不仅提高了课堂的适应性，还增强了教学的灵活性，能够更好地满足不同学生的学习需求。通过实时互动，教师和学生之间的沟通更加顺畅，有助于构建一个积极的学习环境，促进学生的深度学习和思维碰撞。

多媒体教学手段的设计应具有模块化特征，以便教师可以根据不同课程主题和学生需求进行灵活调整。这种模块化设计确保了教学内容的针对性和有效性，使教师能够在有限的课堂时间内，传递最为核心和重要的知识点。同时，模块化设计也便于教师在课程更新时快速调整教学内容，保持课程的前沿性和实用性，从而更好地适应教育发展的未来趋势。

(二)在线教学平台的建设与利用

在线教学平台的建设与利用在高等教育管理学科的课程体系中扮演着至关重要的角色。一个成功的在线教学平台不仅仅是课程内容的载体，更是实现教学目标、促进学生全面发展的重要工具。构建在线教学平台时，灵活的课程管理功能是必不可少的。平台应能够根据教学进度和学生需求进行动态调整，以提高教学的适应性和个性化。这种灵活性使教师可以在教学过程中及时调整课程内容和教学安排，从而更好地满足学生的学习需求，激发学生的学习兴趣和潜能。

此外，在线教学平台应提供丰富的互动工具，以增强学生的参与感和互动性。这些工具包括在线讨论区、即时反馈机制和测验功能等，能够有效促进师生之间的交流与互动。通过这些互动工具，学生可以在学习过程中及时获得反馈，从而更深入地理解知识点。同时，教师也可以通过在线教学平台实时掌握学生的学习动态，调整教学策略，以提高教学效果。互动性的增强不仅有助于知识的传递，更重要的是促进了学生的批判性思维和创新能力的发展。

在线教学平台需支持多种学习资源的整合，以满足不同学习风格的学生的需求。平台应能够整合视频、文档、模拟实验等多种资源，丰富学习内容。多样化的学习资源不仅能够帮助学生更好地理解和掌握知识，还能激发他们的学习兴趣，培养学生的自主学习能力。此外，完善的学习评估机制也是在线教学平台建设的重要组成部分。通过数据分析工具监测学生的学习进度与表现，教师可以获得及时的反馈，从而优化教学策略和课程设计。这种数据驱动的教学方法不仅提高了教学效率，也为个性化教学提供了有力支持。

(三)虚拟实验室与仿真教学的实践

虚拟实验室与仿真教学的实践在高等教育管理学科中扮演着重要角色。它们的设计应紧密结合高等教育管理的实际需求,通过模拟真实的管理场景,为学生提供一个安全的环境进行决策和问题解决的练习。这种实践方法不仅可以有效提高学生的实际操作能力,还能帮助他们培养出更为理性的思维方式和解决问题的能力。通过在虚拟环境中进行反复练习,学生能够在不受真实环境限制的情况下,探索不同的管理策略及其可能的结果,从而积累宝贵的经验。

在仿真教学中,先进的技术手段,如虚拟现实(VR)和增强现实(AR),被广泛应用,以提升学生的沉浸感和参与感。这些技术通过创造逼真的学习环境,使学生能够更深入地理解和体验管理理论的实际应用。通过虚拟现实技术,学生可以身临其境地参与到复杂的管理决策过程中,而增强现实技术则通过叠加数字信息到现实世界中,帮助学生更好地理解抽象的管理概念。这种结合技术的教学方式,不仅增强了学习的趣味性和互动性,也在很大程度上提高了学生的学习效果和知识吸收率。

虚拟实验室的评估机制是确保其教学效果的关键。评估机制应包括对学生在仿真过程中表现的多维度分析,以确保学生在知识、技能和态度方面的全面发展。通过对学生在虚拟实验中的表现进行系统的分析和反馈,教师可以更好地了解学生的学习进展和存在的不足之处,从而进行有针对性的指导和调整。这种评估机制不仅关注学生的知识掌握情况,还强调对其在实际应用中表现出的能力和态度的全面考量,确保学生的各方面都能得到发展。

(四)移动学习技术的应用与推广

在高等教育管理学科多样化建设的课程体系中,移动学习技术的应用与推广已成为重要组成部分。移动学习技术的应用不仅为学生提供了灵活的学习环境,还使他们能够随时随地访问学习资源。这种灵活性显著增强了学习的便利性与自主性,有助于学生根据自己的节奏和需求进行学习,从而提高学习效率。此外,移动学习技术的推广也为教育者提供了一个创新的平台,使教育资源的获取不再受限于时间和空间。

通过移动学习技术的应用,教师可以实时推送课程更新、通知和学习任务等信息，从而提升学生的参与度与学习效率。这种实时互动的特性使课程内容能够及时反映高等教育管理学科前沿的发展动态，并让学生在第一时间获取最新的学习资料。学生不仅是被动的知识接受者，更成为学习过程的积极参与者，这种转变极大地增强了学生的学习兴趣与动力。同时，教师也能够通过这些应用更好地管理教学进度，确保每名学生都能跟上课程节奏。

移动学习技术还应整合社交媒体功能，以鼓励学生在学习过程中进行互动与分享，促进知识的交流与合作。通过社交媒体的互动，学生能够在虚拟学习社区中分享自己的见解和学习经验，形成互助学习的氛围。这不仅促进了知识的传播，也锻炼了学生的沟通能力和团队合作精神。此外，社交媒体的使用还可以激发学生的创造力，使他们在多样化的学习环境中不断探索新知。

利用移动学习技术的分析工具，教师可以跟踪学生的学习进度与表现，及时调整教学策略以满足个性化学习需求。这些分析工具能够提供详尽的数据支持，帮助教师了解每名学生的学习习惯和偏好，从而制订更有针对性的教学计划。通过对学生学习数据的深入分析，教师可以识别出学生在学习过程中存在的困难与障碍，并采取相应的措施进行干预。这种数据驱动的教学方式不仅提高了教学的有效性，也为实现个性化教育提供了坚实的技术支持。

（五）人工智能与教学手段的融合

人工智能技术在高等教育管理学科中的应用，正在逐步改变传统的教学手段。通过人工智能与教学手段的融合，教师能够更好地满足学生的个性化需求。人工智能辅助教学平台的构建，利用智能算法为学生提供个性化学习方案和学习资源推荐。这种方法不仅提升了学习效果，还提高了学习效率，使学生能够在适合自己的节奏下进行学习。个性化学习方案的设计，充分考虑了学生的兴趣、能力和学习进度，为每名学生量身定制最优的学习方案，从而实现因材施教的教育理念。

智能化评估工具的应用，是人工智能在教学中的另一重要体现。通过数据分析和机器学习技术，教师可以实时监测学生的学习进度与表现。这些工具能够提供精准反馈和改进建议，帮助学生及时调整学习策略，提高学习效果。智能化评估不仅提升了评估的效率和准确性，还为学生提供了更多的自主学习机会。学生可以根据反馈自主调整学习计划，培养自我管理能力和自主学习能力，进而提高整体的学习效果。

虚拟助教的引入,进一步丰富了教学手段的现代化应用。人工智能技术使虚拟助教能够为学生提供全天候的学习支持,解答疑问和指导学习。这种全天候的学习支持极大地增强了学生的学习体验。虚拟助教不仅能够回答学生在学习过程中遇到的各种问题,还能提供学习建议和资源推荐,使学生在学习过程中更加自主和高效。虚拟助教的应用,也使教师能够将更多的精力投入教学内容和策略的优化中。

基于人工智能的学习分析系统,整合学生数据、识别学习模式和行为,可以帮助教师优化教学策略和课程设计。这种系统能够深入分析学生的学习行为,识别出共性和个性化的学习需求,为教师提供数据支持。通过对学习数据的分析,教师可以更好地理解学生的学习过程,进而调整教学策略,设计出更符合学生需求的课程。这种基于数据的教学优化,使课程设计更加科学合理,有效提升了教学质量和学生的学习体验。

三、教学方法与手段的融合创新

(一)线上线下混合式教学模式的构建

线上线下混合式教学模式的构建在高等教育管理学科多样化建设中扮演着至关重要的角色。这一模式不是简单的教学手段的叠加,而是通过科学的设计和实施,实现理论学习与实践应用的无缝对接。学生在这种模式下,不仅能够在课堂内获得系统的知识,还能通过线上资源的补充,在课外进行深度学习,提升技能。这种模式要求课程设计者在内容安排上既要考虑到理论的严谨性,又要兼顾实践的可操作性,从而确保学生的全面发展。

在线上线下混合式教学模式中,教学内容的设计需要具备高度的灵活性和多样性。线上平台为学生提供了丰富的学习资源,包括讲解视频、电子书籍及在线测验等,丰富的资源极大地拓展了学生的学习渠道。与此同时,线下课堂则提供了一个互动和交流的平台,教师和学生可以在这里进行深入的讨论和思维碰撞。这种线上线下的结合,不仅能够提高学生的学习效果,还能激发他们的学习兴趣和主动性。

教师在混合式教学中扮演着引导者的角色,他们需要通过线上学习平台实时监测学生的学习进度和参与情况,并在线下课堂上提供针对性的反馈和指导。教师的引导不仅体现在知识的传授上，还体现在对学生学习态度和方法的培养和指导上。通过这种方式，学生能够在学习过程中不断反思和调整自己的学习策略，从而提高学习效率和效果。

（二）教学方法与技术手段的协同创新

在现代高等教育管理学科多样化的建设过程中，教学方法与技术手段的协同创新成为提升教育质量的重要途径。教学方法与技术手段的协同创新不仅是对传统教学模式的突破，也是对学生学习体验的全面提升。结合在线学习平台与课堂互动，教师可以实时调整教学内容，提升学生的参与感和学习效果。这种灵活的教学方式使学生能够在动态变化的学习环境中，主动参与到知识建构的过程中，进而提升他们的自主学习能力和创新思维。

多媒体技术的运用进一步丰富了教学手段，通过视频、动画等多种形式，提升了课程内容的生动性与趣味性。多媒体技术不仅能够吸引学生的注意力，还能够通过视觉和听觉的结合，帮助学生更好地理解复杂的管理学概念和理论。这种多感官的学习体验，有助于学生更高效地记忆和应用知识，从而提高整体的学习效果和知识转化能力。

虚拟实验室和仿真教学的引入，为学生提供了模拟真实管理场景的机会，帮助他们在安全环境中进行实践和决策训练。这种创新的教学手段使学生能够在虚拟环境中体验管理决策的复杂性和多变性，培养他们在实际工作中应对挑战的能力。通过仿真教学，学生不仅能够理论联系实际，还可以在反复的练习中不断提高自己的管理技能和决策水平。

人工智能技术的应用则为个性化学习提供了新的可能。通过分析学生的学习数据，人工智能能够为每名学生提供个性化的学习建议，促进教学方法的优化与改进。这种数据驱动的教学方式，使教师能够更精准地了解学生的学习需求和困难，从而调整教学策略，提高教学效果。个性化学习的实现，不仅提升了学生的学习效率，还激发了他们的学习兴趣和动力，为高等教育管理学科的多样化发展注入了新的活力。

（三）教学方法与手段的个性化设计

教学方法与手段的个性化设计在现代教育中扮演着至关重要的角色。通过根据学生的学习风格和需求，定制个性化学习计划，教师能够确保每名学生都能在适合自己的节奏下学习和成长。这种个性化设计不仅关注学生的学术成就，还重视他们的个人发展和兴趣培养。通过识别学生的独特需求，教师可以设计出更具针对性的课程内容和教学活动，从而提高学生的学习动机和参与度。这种方法的核心在于尊重学生的个体差异，促进其全面发展。

利用学习分析工具是实现个性化教学的关键手段之一。通过实时监测学生的学习进度和行为，教师能够基于数据反馈调整教学策略，为学生提供个性化的指导和支持。这种数据驱动的教学方法不仅提高了教学的精准度，还增强了学生的学习体验。通过分析学生的学习数据，教师可以识别出哪些教学方法最有效，以及哪些领域需要进一步的支持和改进。这种动态调整的教学策略确保了每名学生都能在其学习旅程中获得最佳的指导和帮助。

为了满足不同能力水平学生的需求，开发适应性强的学习资源是必不可少的。课程内容的多样性使学生能够选择适合自己的学习材料，从而增强学习的自主性。通过提供多样化的学习资源，高等教育机构可以确保学生在学习过程中获得丰富的知识和技能。这种资源的多样性不仅体现在教材和课件的形式上，还体现在教学活动和评估方式的创新上。通过多种选择，学生能够根据自己的兴趣和能力水平，自主决定学习的方向和进度。

第三章　高等教育管理学科师资队伍建设的多样化

第一节　师资队伍结构的优化

一、师资队伍结构优化的目标与原则

（一）优化目标

在高等教育管理学科的建设过程中，师资队伍结构的优化是实现教育目标的核心任务之一。多元化与专业化并重的优化目标，旨在通过引入不同背景和专业领域的教师，促进学科间的交叉融合，提升教育创新能力。多元化的师资队伍不仅能够带来丰富的学术视角和教学方法，还能为学生提供更全面的教育体验。这种学科交叉融合，有助于激发学生的创造力和批判性思维，培养具有全球视野和多元文化交流能力的人才。

与此同时，专业化师资的引入是提升教学质量的关键。专业化教师具备深厚的学科知识和丰富的教学经验，能够确保课程内容的深度与广度。这不仅有助于提高学生的学术水平，还能为学生提供更具挑战性的学习机会。通过专业化的教学，学生能够深入理解学科知识，提升解决复杂问题的能力，从而在未来的职业生涯中占据优势。此外，专业化的师资队伍还能推动学术研究的深入发展，为学科建设提供坚实的理论基础。

优化师资队伍结构的另一个重要目标是满足学生的个性化需求。随着教育理念的不断更新，个性化学习逐渐成为高等教育的重要趋势。通过多元化与专业化相结合的师资队伍，学校能够提供多样化的学习体验，满足不同学生的兴趣和发展需求。这种个性化的教育方式，不仅能够提高学生的学习积极性，还能帮助他们在学习过程中发现自己的潜力和兴趣所在，为未来的发展奠定坚实的基础。

多元化与专业化的结合，不仅有助于提升高校的整体竞争力，还能够吸引更多优秀的学生和资源。在全球化背景下，高校之间的竞争日益激烈。拥有多元化和专业化的师资队伍，能够提升学校的学术声誉和教育质量，吸引更多优秀的学

生和资源。同时，这种结合也能增强学校的创新能力和社会影响力，为学校的可持续发展提供动力。

(二)优化原则

在高等教育管理学科的师资队伍建设中，国际化与本土化的协调是提升教育质量的重要原则。国际化师资的引入不仅能够为高等教育带来全球视野，还能推动教育内容与教学方法的创新与提升。通过引进具有国际背景的教师，学校可以在课程设计中融入多元化的视角，帮助学生更好地理解全球化背景下的复杂问题。这种全球视野的培养对于学生未来在国际舞台上的竞争力至关重要。

本土化的师资队伍建设也不可忽视。关注地方文化与社会需求是确保教育内容与学生实际相结合的关键。通过对本土文化的深刻理解，教师能够设计出更具相关性的课程，帮助学生在学习中更好地连接理论与实践。这种结合不仅增强了教育的相关性，还提升了学生对本地社会的认知与贡献能力。因此，在师资队伍建设中，国际化与本土化的协调能够实现教育内容的多样化与本土化的有机统一。

在实现国际化与本土化协调的过程中，建立多元文化交流机制是不可或缺的一环。通过促进教师之间的经验分享与合作，学校能够创建一个开放的学术环境，鼓励不同背景的教师共同参与课程设计与教学实践。多元文化交流不仅丰富了教师的教学经验，还提升了他们的多元文化沟通能力，使其能够更好地适应多元化的学生群体与教育环境。这种交流与合作为教师提供了一个不断学习与成长的平台，也为学生提供了多元化的学习体验。

优化师资队伍时，国际化与本土化的结合应成为一个动态的过程。学校需要在引进国际化师资的同时，充分利用本土教师的优势，确保不同背景的教师能够共同参与课程设计与教学实践。通过这种多元化的师资队伍，学生能够在学习过程中接触到多种视角与方法，提升其综合素质与能力。最终，国际化与本土化的协调不仅有助于提升教育质量，还能为高等教育管理学科的发展注入新的活力与动力。

二、师资队伍年龄结构的优化

(一)年轻教师的引进与培养

建立系统化的年轻教师招聘机制是确保吸引到具有创新能力和专业素养的

优秀人才的关键。制定明确的招聘标准和流程，可以有效筛选出具备先进教学理念和潜力的青年学者。此外，提供具有吸引力的职业发展途径和良好的工作环境，也是提升招聘效果的重要因素。在全球化的教育背景下，国内外高校在年轻教师引进方面的策略各有千秋，通过国内外比较，可以为本土高校提供有益的借鉴。

制订针对年轻教师的培训计划是提升其教学能力的有效途径。培训内容应涵盖教学方法、课程设计和教育技术等方面，帮助年轻教师掌握现代化的教学工具和理念。通过系统的培训计划，年轻教师可以更好地适应教育发展的需求，提升课堂教学的质量。同时，培训计划也应关注年轻教师在职业发展初期的特定需求，确保其在教学、科研和服务等方面全面发展。历史经验表明，许多高校在此领域的实践为年轻教师的成长提供了有力支持。

提供丰富的实践机会是帮助年轻教师在实际教学中积累经验的重要手段。实践机会包括教学实习、课程讲授等，能够让年轻教师在真实的教学环境中锻炼和提升自己的教学技能。这不仅有助于他们将理论知识应用于实践，还能增强其对教学工作的信心和热情。通过与学生的互动，年轻教师可以更好地理解学生的需求和学习风格，从而优化教学策略。此外，实践机会还可以促进年轻教师与其他同事的交流与合作，形成良好的学术氛围。

建立导师制度是促进年轻教师职业发展与技能提升的有效措施。为年轻教师配备经验丰富的教师作为指导，可以帮助他们更快地融入学术环境，掌握教学和科研的要领。导师在年轻教师的职业规划、研究方向选择和教学方法改进等方面提供指导和支持，能够显著提升其职业发展的速度和质量。通过导师制度，年轻教师不仅可以获得宝贵的经验和建议，还能建立起良好的学术网络，为未来的职业发展奠定坚实基础。

(二)资深教师的经验传承与创新

资深教师在高等教育管理学科的建设中扮演着至关重要的角色。他们不仅是知识的传递者，更是创新的推动者。资深教师的经验传承与创新是优化师资队伍年龄结构的重要环节。通过其丰富的教学经验和深厚的学科知识，资深教师能够在课程设计中发挥重要作用。他们可以根据最新的学术发展和教学需求推动课程内容的更新与优化。这种更新不仅有助于保持课程的前沿性，也能提升学生的学习体验和知识掌握程度。

资深教师在教学质量提升方面也具有不可替代的作用。他们可以通过指导年轻教师和参与教师培训，将多年来积累的教学方法和课堂管理技巧传授给新一代教师。这种传承不仅有助于年轻教师快速成长，还能促进整个教学团队的专业水平提升。此外，资深教师的指导可以帮助年轻教师更好地应对教学过程中可能遇到的挑战，提高教学效果。

在学术研究方面，资深教师应鼓励跨学科的合作研究。他们可以利用自身的学术网络和资源，推动学科间的融合与创新。这种合作不仅能够拓宽研究视野，还能激发新的研究思路和方法。跨学科的研究往往能够带来意想不到的成果，为高等教育管理学科的发展注入新的活力。同时，资深教师的参与也能提高研究项目的质量和影响力。

资深教师还应定期组织学术讲座和研讨会，分享其研究成果与教学经验。这些活动不仅能激发师生的学术热情与创新意识，还能为师生提供交流和学习的平台。通过分享经验和成果，资深教师能够带动整个学术团队的成长和进步。这种学术氛围的营造对于高等教育管理学科的持续发展至关重要。

三、师资队伍学历结构的优化

（一）博士化率的提升策略

博士化率的提升策略在高等教育管理学科中具有重要意义。建立博士生导师制度，可以有效地鼓励在职教师担任博士生导师，从而提高师资队伍的博士化率。这一策略不仅有助于提升教师的学术水平和研究能力，还能为学生提供更高质量的指导和支持。此外，博士生导师制度可以促进教师与学生之间的学术交流，激发创新思维，推动学科的发展。通过这种方式，不仅能优化师资队伍的学历结构，还能增强整体教学和科研水平。

制定专项资金支持政策是提升博士化率的重要举措之一。通过资助教师攻读博士学位，可以减轻他们的经济负担，使他们能够更专注于学术研究和个人发展。这种政策支持不仅能提高教师的学历水平，还能激励他们在学术道路上不断前行。此外，专项资金的投入还可以用于支持教师参加国内外学术会议、开展研究项目，从而进一步提升其学术视野和研究能力。这种综合性的资金支持策略为优化师资队伍的学历结构提供了坚实的保障。

与高校和研究机构建立合作关系是推动教师参与博士后流动站和研究项目的重要途径。通过这种合作，教师可以有机会参与高水平的学术研究，促进学术交流与学习。这不仅有助于提升教师的研究能力和学术水平，还能为他们提供更多的职业发展机会。通过参与博士后流动站和研究项目，教师能够接触到最新的研究动态和学术资源，从而在其学科领域中保持领先地位。这种合作关系的建立对于优化师资队伍的学历结构具有重要的推动作用。

定期开展学术研讨会，邀请外部专家举办讲座，是激发教师研究兴趣、鼓励其攻读博士学位的重要策略。通过这种形式的学术交流，教师能够接触到前沿的研究成果和学术观点，从而激发其研究热情和创新思维。外部专家的讲座不仅能为教师提供新的视角和思路，还能帮助他们更好地理解和把握学科发展的趋势。这种学术活动的开展，对于提升教师的学术水平和研究能力，进而优化师资队伍的学历结构具有积极意义。

（二）海外高层次人才的引进

在高等教育管理学科的建设过程中，优化师资队伍的学历结构是提升教育质量的关键环节。引进海外高层次人才成为这一过程中至关重要的策略。高等教育机构需要通过建立专项政策来吸引这些优秀人才。首先，提供有竞争力的薪资和福利是吸引海外高层次人才的重要措施。通过与国际标准接轨的薪资水平和完善的福利制度，高校能够在全球人才市场中占据优势地位。此外，针对不同学科领域的人才需求，制定差异化的薪资激励政策，以满足多样化的人才引进需求。

为了提升海外高层次人才的获取效率，建立专门的海外人才招聘平台是必要的。通过这一平台，高校可以定期举办海外招聘会，直接与全球范围内的优秀人才进行对接。这不仅拓宽了人才获取的渠道，还使招聘过程更加高效和精准。通过与海外知名高校和科研机构合作，形成长期的人才输送机制，为高等教育管理学科的师资队伍注入新鲜血液。

灵活的工作签证政策是吸引海外高层次人才的另一重要方面。通过简化入境手续，降低海外高层次人才引进门槛，高校能够更快速地吸纳国际优秀人才。政府和高校需共同努力，制定符合国际惯例的签证政策，为海外人才提供便利条件，使其能够顺利融入本土的教育和研究环境。

引进海外高层次人才不仅仅是为了填补师资空缺，更重要的是促进国际学术交流与合作。鼓励这些人才参与高校的科研项目和合作研究，不仅提升了教育质量，也为国内外学术界的互动提供了平台。这种合作有助于引进先进的教学理念和科研方法，推动本土教育的创新和发展。

(三)学历与能力并重的评价机制

在高等教育管理学科的师资队伍建设中，优化学历与能力并重的评价机制是提升整体教学质量和科研水平的关键。首先，建立多元化的评价标准至关重要。评价机制不仅要关注教师的学历背景，还需综合考虑其教学能力、科研成果以及社会服务等方面的表现。这样的综合评价能够全面反映教师的综合素质，确保在选拔和晋升过程中，不仅仅依赖于学历的高低，而是关注教师在实际工作中的表现和贡献。

引入同行评审机制是确保评价客观性与公正性的有效手段。通过让教师的教学与科研成果接受来自同领域专家的评价，可以有效地避免单一评价主体可能带来的偏见和误判。这种机制能够帮助教师更清晰地了解自己在专业领域中的地位与不足，同时也为他们提供了一个与同行交流和学习的机会，从而促进教师之间的良性竞争与合作。

此外，制定明确的职业发展途径是激励教师不断提升自我的重要措施。在职业发展途径中，将教师的职业晋升与其学历和能力提升相结合，能够有效激发教师追求更高学术成就与专业技能的动力。通过明确的晋升标准和途径，教师可以更有方向性地进行自我提升和发展，从而为高等教育的持续发展提供强有力的支持。

四、师资队伍学科背景的优化

(一)跨学科人才的引进与培养

高等教育管理学科的多样化发展要求引进和培养具备跨学科背景的人才。跨学科人才的引进与培养不仅能丰富学科视野，还能为学生提供更为全面的教育体验。为了实现这一目标，建立跨学科合作机制是至关重要的。通过促进不同学科教师之间的交流与协作，可以促成共同设计和实施跨学科课程，从而增强学生的综合素质。这种合作机制不仅有助于打破学科壁垒，还能为学生提供多维度的学习机会，培养其批判性思维和创新能力。

开展跨学科研究项目是推动学术创新与知识共享的有效途径。鼓励教师参与多学科团队合作，能够提升他们的研究能力与学术影响力。多学科团队的合作可以带来新的研究视角和方法，推动学术前沿的发展。教师在这样的环境中，不仅可以提升自身的学术水平，还能为高等教育管理学科建设注入新的活力。此外，这种合作模式也为教师提供了一个展示和交流研究成果的平台，增强他们在学术界的影响力。

引入跨学科人才培养计划是适应复杂教育需求的重要步骤。通过结合不同学科的优势，培养具备多元化知识背景的教师，可以更好地应对现代教育的挑战。这样的教师不仅在教学中能够融会贯通，还能在科研中提出创新性的解决方案。具备多元化知识背景的教师能够更加灵活地应对教学和科研中的各种问题，为学生提供更加全面的教育支持。

设立跨学科交流平台是拓宽教师视野的重要手段。定期举办跨学科研讨会和讲座，邀请各领域专家分享最新研究成果与教学经验，可以为教师提供持续学习和成长的机会。这种平台不仅促进了教师之间的经验交流，还能激发他们的学术兴趣和创新思维。通过与不同领域专家的互动，教师可以获得新的教学理念和方法，提高教学质量。

(二)学科交叉融合的推动

在高等教育管理学科的师资队伍建设中，推动学科交叉融合是优化师资队伍学科背景的重要途径。学科交叉融合不仅可以丰富教师的学术视野，还能提高教学和科研的创新能力。为此，政策支持尤为关键。设立专项基金以鼓励跨学科课程和研究项目的开展，可以有效激励教师和学生参与多学科合作。这些政策措施不仅为跨学科活动提供了资金保障，也为教师和学生创造了更多的学术交流和合作机会，促进了高等教育管理学科的多样化发展。

建立跨学科的教学团队是推动学科交叉融合的另一重要举措。通过促进不同学科教师共同参与课程设计和教学实施，可以增强课程的综合性和创新性。这样的团队合作模式，不仅有助于教师在专业领域内的深度合作，也能为学生提供更为广阔的学习视野和多样化的知识体系。跨学科教学团队的建立，要求高校在组织架构上做出相应调整，以便为教师间的合作提供制度保障和资源支持。

开展跨学科的研讨会和工作坊，是促进教师之间知识交流与合作的重要方式。邀请各领域专家分享最新研究成果和教学经验，可以激发教师的学术兴趣，拓宽其研究视野。这类活动不仅为教师搭建了获取新知识的平台，也为他们展示自身研究成果提供了机会。通过频繁的学术交流，教师能够在跨学科领域中找到新的研究灵感和合作伙伴，从而推动高等教育管理学科的持续创新。

制定跨学科的评价标准，综合考量教师在跨学科教学和研究中的表现，是鼓励教师积极参与相关活动的重要手段。合理的评价标准能够激励教师提升其跨学科能力，并积极参与多学科合作。这样的评价机制，不仅能够促进教师的职业发展，也能为高校在师资队伍建设中提供科学有效的考核依据，确保教师在跨学科领域的贡献得到公正的认可和奖励。

（三）学科背景多样化的评价标准

为了全面反映教师在教育中的贡献，建立多元化的教师评估标准至关重要。这些标准不仅仅关注教师的学术背景，还综合考虑其教学效果和科研能力。这种方式能够更加全面地评估教师的整体素质和对教育的贡献。尤其是在当今教育环境中，学科背景的多样化要求教师具备跨学科的视野和能力。因此，评估标准的多元化设计是推动高等教育管理学科发展的关键因素之一。

制定跨学科教学能力的评价指标，是优化师资队伍学科背景的另一重要方面。这些指标旨在评估教师在课程设计和实施过程中，融合不同学科知识的能力与效果。跨学科教学不仅可以激发学生的创新思维，还能提升教师的教学质量。通过明确的评价指标，学校可以更好地识别和培养具有跨学科教学能力的教师，从而推动教育质量的整体提升。跨学科教学能力的培养也是应对未来教育趋势的必要手段，能够帮助教师更好地适应不断变化的教育需求。

引入同行评审机制，是提升教师学术水平与影响力的有效途径。通过同行评审，教师可以分享自己的跨学科研究成果，并从专家的反馈中获得宝贵的建议和指导。这种机制不仅鼓励教师进行跨学科研究，还能提升他们的学术声誉和影响力。在高等教育管理中，同行评审作为一种重要的评价方式，能够促进教师之间的学术交流与合作，从而推动学科的共同进步。同行评审机制的实施需要有完善的制度保障，以确保其公平性和有效性。

建立教师发展档案是评估教师综合素质与能力的重要手段。通过记录教师在不同学科领域的培训与实践经历，可以为其学科背景的多样化提供有力的证据。这种档案不仅有助于教师自身的发展规划，还为学校的人才培养和管理提供了重要的数据支持。教师发展档案的建立需要有系统的管理和更新机制，以确保其信息的准确性和时效性。通过这种方式，学校可以更好地了解和支持教师的专业发展。

第二节　师资队伍能力提升的多样化途径

一、教学能力的提升途径

(一)教学方法的创新与培训

在高等教育管理学科中,教学方法的创新与培训是提升教师教学能力的重要途径。通过不断探索和应用新的教学方法,教师能够更有效地激发学生的学习兴趣和潜能。引入翻转课堂模式是一种有效的方法,这种模式强调学生在课前通过自学视频或材料掌握基础知识,课堂上则以讨论和实践为主。这一过程不仅增强了学生的自主学习能力,还提高了他们的课堂参与度。此外,翻转课堂模式有助于教师在课堂上更好地关注学生的个性化需求,因材施教,从而提高教学效果。

项目导向学习是一种鼓励学生在真实情景中解决问题的教学方法。这一方法通过设定实际问题或项目,要求学生团队协作完成任务,培养了他们的实践能力与团队合作精神。在这一过程中,学生不仅能将理论知识应用于实践,还能通过与同学的合作与交流,提升沟通能力与创新思维。此外,项目导向学习还能帮助学生建立与现实世界的联系,使他们在学习中感受到更多的意义和成就感,这对提高学习动力具有积极作用。

多元化评估方法的实施也是提升教学能力的重要环节。传统的评估方法往往只关注学生的考试成绩,而忽视了其综合能力的发展。通过结合自评、互评与教师评估,能够更全面地反映学生的学习效果与能力发展。自评促使学生自我反思,互评培养了学生的批判性思维与评价能力,而教师评估则提供了专业的反馈。多元化评估不仅有助于教师全面了解学生的学习进程,还能帮助学生明确自身的优势与不足,进而不断改进。

利用信息技术开发在线课程和混合学习模式,是提高教学灵活性与可达性的有效手段。在线课程打破了时间与空间的限制,使学生能够根据自己的节奏进行学习。混合学习模式则结合了线上与线下教学的优点,既保留了课堂互动的优势,又提供了灵活的学习选择。这种多样化的教学手段,不仅丰富了教学内容和形式,还提高了学生的学习体验和学习效果,为教师提供了更广阔的教学平台。

(二)教学资源的共享与优化

建立共享教学资源平台是促进教师之间资源交流与合作的有效途径之一。通过这一平台,教师们可以更高效地分享教学材料和经验,从而提高教学资源的利用效率。这不仅有助于减少重复劳动,还能提升教学内容的丰富性和多样性,为学生提供更加丰富的学习体验。

鼓励教师开发开放课程并提供在线学习资源,是提升教学能力的另一重要策略。开放课程的开发使学生能够在课外进行自主学习与复习,增强了学习的灵活性和便利性。这种方式不仅能满足不同学生的学习节奏和需求,还能激发学生的自主学习能力和探索精神,进而提升整体的教学效果。

推动跨学科教学资源的整合,设计综合性课程,是满足学生多样化学习需求的关键。通过跨学科的资源整合,教师能够设计出更加综合和创新的课程,以激发学生的学习兴趣。这种综合课程的设计不仅丰富了学生的知识结构,还培养了他们的跨学科思维能力,为他们未来的职业发展提供了更广阔的视野和基础。

定期举办教学资源共享研讨会,是促进教师分享成功经验与教学材料的有效方式。这些研讨会为教师提供了一个交流与学习的平台,使他们能够了解同行的优秀教学实践和创新方法,从而提升整体教学质量。通过这样的互动交流,教师们能不断更新和完善自己的教学方法,适应快速变化的教育环境。

二、科研能力的提升途径

(一)科研项目的申报与支持

科研项目的申报与支持在高等教育管理学科中扮演着至关重要的角色。建立科研项目的专项资金支持政策是提升教师科研积极性的重要策略之一。通过专项资金的支持,教师们能够更加积极地参与到各类科研项目中,从而提升科研活动的参与度。资金支持不仅能减轻教师在科研过程中的经济负担,还能够为他们提供必要的资源和条件,激励他们在科研道路上不断探索和创新。通过这样的政策,教师们在科研项目申报过程中将更加主动,科研活动的质量和数量也将随之提升。

为了提高科研项目申报的成功率,设立科研项目申报的培训与指导机制显得尤为重要。这样的机制能够帮助教师掌握申报流程和技巧，从而提高申报的成功率。通过系统的培训，教师可以了解项目申报的各个环节，掌握撰写项目计划书的方法和技巧，避免常见的申报误区。此外，指导机制还可以为教师提供一对一的咨询服务，帮助他们在申报过程中解决实际问题。这样的支持不仅提高了科研项目申报的成功率，也增强了教师在科研领域的信心和能力。

鼓励教师组建跨学科的科研团队是推动多学科合作研究的重要途径。通过跨学科的合作，教师们可以整合不同学科的优势和资源，提升项目申报的创新性与竞争力。多学科的合作研究不仅能够拓宽研究的视野，还可以为复杂问题的解决提供多元化的视角和方法。这样的合作能够激发教师们的创造力，促进学科之间的知识交流与融合，从而为高等教育管理学科的科研发展注入新的活力。

定期组织科研项目的评审与交流活动是促进教师之间合作与学习的有效方式。通过这样的活动，教师们可以分享成功经验与最佳实践，了解到同行们在科研项目中的创新思路和解决方案。这不仅有助于提高教师的科研水平，也能够促进团队之间的合作与信任。交流活动为教师们提供了一个互相学习和借鉴的平台，有助于形成良好的科研氛围，推动整体科研能力的提升。

（二）科研团队的建设与合作

科研团队的建设与合作在高等教育管理学科中扮演着重要角色。通过建立多学科融合的科研团队机制，不同领域的教师能够共同参与研究项目，提升创新能力和研究成果的多样性。这样的多学科融合机制不仅促进了学科间的知识交流，还为教师提供了一个更为广阔的研究平台。在这种环境下，教师可以跨越学科界限，将不同领域的理论和方法应用于高等教育管理的研究中，从而产生新的研究视角和成果。

为了确保科研团队的高效运作，实施定期评估与反馈机制是至关重要的。这样的机制能够帮助团队成员之间保持顺畅的沟通与合作，及时解决出现的问题。通过定期评估，团队可以识别出工作中的不足之处，并通过反馈进行改进。这不仅提升了团队的整体科研水平，也促进了团队内部的和谐与合作。此外，定期评估与反馈机制还为团队成员提供了一个自我反思和成长的机会，使他们在专业发展上更进一步。

激励政策在科研团队建设中同样不可或缺。通过设立奖励机制，团队成员的积极性和参与度可以得到显著提升。这样的激励政策不仅增强了团队的凝聚力与向心力，也为团队成员提供了明确的目标和方向。在这种激励机制下，团队成员更有动力去追求卓越的研究成果，并积极参与到团队的各项活动中，从而不断推动科研团队的进步与发展。

此外，组织科研团队的培训与发展活动是提升团队成员科研能力和项目管理技能的重要途径。这些活动可以包括学术讲座、研讨会和工作坊等，旨在帮助团队成员适应不断变化的科研环境。通过参与这些活动，团队成员不仅可以提升自身的科研能力，还能学习到先进的项目管理技能，从而更好地应对科研工作中的各种挑战。

（三）科研成果的转化与应用

通过建立有效的科研成果转化机制，可以促进科研与产业的紧密对接，确保研究成果能够在实际生产与服务中得到切实应用。这一过程不仅能够提升科研成果的实际价值，还能推动高等教育管理学科建设的进一步发展。为了实现这一目标，高校需要搭建起科研成果转化的桥梁，积极探索多样化的转化途径，确保科研成果能够在更广泛的领域中发挥作用。

加强与地方政府和企业的合作是科研成果转化与应用的关键环节。通过与地方政府及企业建立长期稳定的合作关系，可以有效推动科研成果在社会经济发展中的应用，提升科研的社会价值。这种合作不仅可以为科研人员提供更多的研究资源和实践机会，还能为地方经济发展注入新的活力。通过合作，科研人员可以更好地了解产业需求，从而调整研究方向和内容，实现科研成果的精准转化。

设立科研成果展示平台，定期举办科研成果发布会，是促进科研人员与企业等社会各界沟通与交流的重要手段。这样的平台可以为科研人员提供一个展示和推广其研究成果的机会，吸引更多的企业和其他社会组织参与到科研成果的应用中来。通过展示平台，科研人员可以直接与潜在的应用者进行交流，了解他们的需求和反馈，从而进一步改进和完善科研成果，提升其应用价值。

鼓励科研人员撰写政策建议报告，将科研成果转化为决策支持，是推动科研成果应用于社会治理和政策制定的重要途径。通过撰写政策建议报告，科研人员可以将其研究成果与社会现实紧密结合，为政府和相关机构提供科学的决策依据。这不仅有助于提升科研成果的社会影响力，还能推动相关政策的制定与实施，促进社会的可持续发展。

三、国际化能力的提升途径

（一）海外研修与访学计划

在全球化的背景下，海外研修与访学计划成为提升高等教育管理学科师资国际化能力的重要途径。通过制定明确的海外研修和访学目标，参与者能够在特定领域获得专业知识和技能的提升。这些目标不仅为教师提供了明确的方向，也有助于教师在研修过程中聚焦关键领域，从而实现知识的深度积累和能力的全面提升。通过与国际高等教育机构建立合作关系，参与者可以获得丰富的学术资源和交流机会。这种合作关系不局限于学术交流，还包括共同研究和项目合作，从而为教师提供了一个多元化的学习平台，促进学术视野的拓展和国际化思维的培养。

为了满足教师的多样化需求和学术兴趣，提供针对不同学科的定制化访学项目显得尤为重要。不同学科的教师在国际化能力提升方面有着各自的需求和挑战，因此，量身定制的访学项目能够更好地满足这些需求，帮助教师在其专业领域内实现更高水平的发展。此外，设立海外研修的资助政策是鼓励更多教师参与国际交流的重要措施。经济负担往往是教师参与国际研修的主要障碍之一，资助政策的设立不仅可以减轻这一负担，还能激励更多教师积极参与国际化交流，从而提升整体师资队伍的国际化水平。

（二）国际学术会议的参与

国际学术会议的参与是提升高等教育管理学科师资队伍国际化能力的重要途径。通过参与这些会议，教师能够拓宽自己的学术视野，及时了解全球教育研究的最新动态与趋势。这些会议汇聚了来自世界各地的教育专家和学者，他们分享前沿的研究成果和教育理念，使参与者能够接触到多元化的学术观点和方法。这样的交流不仅丰富了教师的知识储备，还为他们提供了新的思考角度，推动其在教学与研究中进行创新。

国际学术会议还为教师提供了与国际同行交流的宝贵机会。这种多元文化的学术合作与经验分享，有助于教师在全球化的教育环境中建立起广泛的学术网络。通过面对面的交流，教师可以深入了解不同国家和地区的教育实践与政策，吸收其精华并反思自身的教学模式。这种互动不仅促进了教师的个人发展，也为机构间的合作奠定了基础，推动了国际教育合作的深入发展。

此外，国际学术会议也是教师展示自身研究成果的平台。通过在会议上发表演讲或展示海报，教师可以提升个人及其所在机构的国际学术声誉。这种展示不仅是对教师研究能力的认可，也是对其所在机构学术水平的肯定。通过这种方式，教师能够吸引国际学术界的关注，建立起更广泛的学术联系，进一步推动其研究的国际化进程。

国际学术会议通常设有多样化的主题与分论坛，教师可以根据自身研究领域选择合适的参与方向。这种多样性使教师能够有针对性地选择与自己研究兴趣相符的会议，有效提高参与的积极性和收获感。通过选择适合的会议主题，教师可以深入讨论自己关注的问题，获取有价值的反馈，促进其研究的进一步深化。

(三)国际合作项目的开展

国际合作项目的开展在高等教育管理学科师资队伍建设中扮演着至关重要的角色。通过建立国际合作项目的机制，高校能够制定明确的合作目标和评估标准，从而确保各方在项目中的职责和贡献清晰可见。这种机制不仅有助于明确各参与方的角色，还可以通过对项目进展的定期评估来保证项目的持续性与有效性。只有在明确的框架和标准下，国际合作项目才能够顺利推进，并在全球学术界中占据一席之地。

促进高校与国际科研机构的联合研究是提升教师国际化能力的重要途径之一。通过鼓励教师参与国际科研项目，高校不仅可以提升教师的学术影响力，还能够深化与国际学术界的合作。教师在参与国际科研项目的过程中，能够接触到前沿的研究课题和方法，这对个人学术水平的提升具有显著作用。同时，这种合作也可以为高校带来更多的国际视野和资源，促进整体学术水平的提升。

设立国际合作项目的资金支持体系是确保项目顺利开展的关键。为参与者提供必要的经费保障，可以激励更多教师积极参与国际合作项目。资金支持不仅用于项目的直接成本，还可以用于教师的国际交流和培训，帮助他们更好地适应国际合作的环境。通过完善的资金支持体系，高校可以吸引更多优秀的教师参与国际合作项目，进而提升整体师资队伍的国际化水平。

定期举办国际合作项目的成果分享会议是提高项目可持续性与影响力的有效方式。这些会议为参与者提供了一个交流经验的平台，能够促进不同高校和研究机构之间的沟通与合作。通过分享项目成果，参与者可以相互学习，借鉴成功经验，同时也可以对项目过程中遇到的挑战进行讨论，寻找解决方案。这种交流不仅有助于提升项目的整体质量，还可以增强项目在学术界的影响力。

四、实践能力的提升途径

（一）校企合作与产学研结合

校企合作与产学研结合是高等教育管理中提升师资队伍实践能力的重要途径之一。通过校企合作，教育机构和企业可以在资源、信息和技术上实现有效对接与共享，促进教育与产业的深度融合。这种合作机制的设计，需要确保双方在合作过程中能够实现互利共赢。具体而言，教育机构需深入了解企业的实际需求，并将其与学科建设目标相结合，从而制订出切实可行的合作计划。这不仅有助于提升教师的实践指导能力，也能为学生提供更多的实践机会，帮助他们更好地适应企业需求与行业标准。

为了确保校企合作的有效性，建立科学合理的评价指标是必要的。定期评估合作效果，可以帮助双方及时调整合作策略，确保合作项目的可持续性与成果转化。通过这种方式，教育机构能够更好地把握产业发展的脉搏，及时更新教学内容和方法，从而提升教育质量。此外，评价指标的制定也应关注合作项目对学生实践能力和创新能力的提升情况，确保教育目标的达成。

在产学研结合中，建立实际项目并鼓励学生参与，是提升其专业技能与创新能力的有效途径。通过参与项目，学生可以将理论知识应用于实际问题的解决，增强其动手能力和创新思维。与此同时，教师在指导学生的过程中，也能不断更新自身的专业知识和实践技能。这种双向的提升，不仅有助于教师更好地指导学生，也能推动学科建设的不断进步。

（二）实践基地的建设与利用

实践基地的建设与利用在高等教育管理学科中扮演着至关重要的角色。建立多功能实践基地，可以为师生提供多样化的实践场景，这不仅满足了不同学科和专业的实践需求，也为学生提供了切实的学习和成长环境。实践基地的多样化设计能够涵盖从理论到实践的完整链条，使学生在真实情景中体验和应用所学知识。这种实践导向的教育模式，不仅提升了学生的实际操作能力，也增强了他们的创新意识和解决问题的能力。

与行业企业的合作是实践基地建设的关键一步，通过这种合作，实践基地的项目能够与实际工作需求紧密结合。这种结合不仅提高了学生的就业竞争力，也使他们在进入职场时具备更强的适应能力。企业的参与为实践基地注入了新的活力，使其能够及时更新项目内容，反映行业最新发展趋势。这样的合作模式也为企业提供了一个观察和筛选人才的平台，实现了教育与产业的双赢。

定期组织教师和学生参与实践基地的活动，是促进教学与实践有效融合的有效途径。通过这种方式，教师能够将实践经验融入教学中，提升教学质量。同时，学生在实践中获得的直接经验可以反哺课堂学习，增强学习效果。实践活动的多样化和系统性设计，能够激发学生的学习兴趣和主动性，培养他们的团队合作精神和实践动手能力。

建立实践基地的评估机制是确保其持续发展的重要保障。通过定期收集反馈，学校可以持续改进基地的运营和管理，提高实践效果。评估机制的设立不仅可以帮助发现基地运营中的问题和不足，也为后续的改进提供了科学依据。这样的反馈机制鼓励各方积极参与和贡献，形成良性循环，确保实践基地的建设和利用始终处于高效状态。

（三）实践经验的总结与推广

在高等教育管理学科中，实践经验的总结与推广是提升教师实践能力的重要途径。通过系统化的反思与记录，教师可以将零散的实践经验转化为有价值的教学与管理模式。这种模式不仅为个人的教学实践提供了指导，也为整个学科的教育管理提供了宝贵的参考。总结实践经验的过程，要求教师对自己的教学活动进行深度的思考和分析，从而识别出有效的策略和存在的问题。通过这种方式，教师能够不断优化自己的教学方法，提高教学质量。

为了更好地推广实践经验，高等教育机构可以建立实践经验共享平台，促进教师之间的交流与合作。这种平台为教师提供了一个展示和交流实践经验的场所，能够有效地打破教师之间的壁垒，促进知识的流动和共享。通过共享平台，教师可以学习和吸取同行的成功经验和失败教训，从而避免走弯路，提高自己的教学水平。此外，平台还可以为教师提供多样化的资源和工具，支持他们在教学实践中的探索和创新。

定期组织实践经验分享会也是一种有效的推广方式。通过邀请教师分享他们在教学与实践中的成功经验与失败教训，不仅可以激励其他教师进行创新，还可以营造一个积极向上的教学氛围。在分享会上，教师们可以就某一具体问题展开深入讨论，提出解决方案，并在实际教学中进行尝试和应用。这种互动式的分享方式，不仅有助于教师之间互相学习，还能增强教师的自信心和成就感。

五、创新能力的提升途径

（一）创新思维与方法的培训

在高等教育管理学科中，创新思维与方法的培训是提升师资队伍创新能力的重要途径。培训旨在帮助教师打破传统思维束缚，激发创造潜能。通过系统化的培训课程，教师可以掌握创新思维的基本概念及其应用方法。这些课程通常包括创意思维导图的使用、头脑风暴技巧以及创新问题解决模型的应用等。通过这些培训，教师不仅能够提升自身的创新能力，还能在教学过程中更好地引导学生进行创新思维的实践。

创新思维的基础理论与实践是教师创新能力提升的核心内容。理论方面，教师需了解创新思维的起源、发展和核心概念，这为实践应用奠定了坚实的基础。实践方面，教师通过参与模拟创新项目或真实案例分析，能够将理论知识转化为实际能力。这种理论与实践相结合的方式，不仅提高了教师的创新意识，还增强了他们在教育教学中的实践创新能力，从而推动高等教育管理学科的整体发展。

多样化教学方法的探索与实施是促进创新能力提升的重要环节。教师需要不断尝试和应用新的教学策略，例如翻转课堂、项目式学习和混合式教学等。这些方法不仅有助于提高学生的参与度和学习效果，还能激发教师的创造性思维。在实施过程中，教师通过不断反思与调整教学策略，逐步形成适合自身特色的创新教学风格，从而为学生提供更为丰富的学习体验。

跨学科合作是培养创新思维的重要途径之一。在高等教育管理学科中，教师可以通过与其他学科的合作，拓宽自身的知识视野，激发新的思维方式。这种合作不仅包括与相关学科的联合教学和研究，还涉及跨学科团队的组建与项目开发。在跨学科的合作过程中，教师通过跨领域的知识交流与碰撞，能够更好地理解和应用创新思维，从而在教学和科研中取得更为显著的成果。

（二）创新平台与资源的支持

创新平台与资源的支持在提升高等教育管理学科师资队伍的创新能力方面具有重要的作用。通过建立创新实验室，教育机构可以为教师和学生提供一个进行实验和研究的空间。这不仅促进了新思想的产生与实践，还为探索创新教学方法和教育管理模式提供了实践基础。创新实验室的设置有助于教师在教学过程中不断引入新技术和新方法，从而提高教学质量和学生的学习效果。此外，这些实验室也为学生提供了一个动手实践的机会，鼓励他们在真实的环境中应用所学知识，培养其创新思维和解决问题的能力。

设立创新基金是支持教师和学生提出创新项目的另一种有效途径。通过资金的支持，教师和学生可以大胆探索新领域，尝试解决实际问题。这种机制不仅激发了师生的创新热情，还为他们提供了实现创意的经济保障。创新基金的使用应当透明且有针对性，以确保资源的高效利用和创新成果的最大化。通过这种方式，教育机构能够培养出更多具备创新能力和实践经验的教师和学生，为高等教育管理学科的发展注入新的活力和动力。

搭建跨学科创新平台是促进不同学科教师和学生合作的重要手段。这种平台能够激发多元化的创新思维与解决方案，通过跨学科的交流与合作，教师和学生可以从不同的视角看待问题，形成更加全面和创新的解决方案。跨学科合作不仅有助于打破学科壁垒，还能促进知识的融合与创新，为高等教育管理学科的创新提供新的思路和方向。这种合作形式也有助于培养学生的团队协作能力和跨学科的综合素质。

引入外部资源与专家，定期举办创新工作坊和讲座，是提升教师和学生创新能力与视野的有效途径。外部专家的参与能够带来新的视角和经验，帮助教师和学生拓宽视野，了解最新的行业动态和技术发展情况。这些活动不仅丰富了教学内容，还为师生提供了与行业专家直接交流的机会，激发他们的创新灵感和动机。此外，工作坊和讲座也为教师和学生提供了一个展示和交流创新成果的平台，促进了校内外的学术交流与合作。

(三)创新成果的激励与推广

创新成果的激励与推广在高等教育管理学科师资队伍建设中扮演着重要角色。首先，建立创新成果的评估体系至关重要，这需要制定明确的评价标准，以确保创新项目的实际效果和社会影响力得到有效衡量。这一体系不仅能够为创新活动提供客观的评价依据，还能通过量化的指标激发教师的创新动力。通过科学的评估，学校能够更好地识别出具有潜力的创新项目，并给予必要的支持和资源投入，从而促进创新成果的持续产出。

设立创新成果的奖励机制是鼓励教师和团队追求卓越的有效手段。物质和精神上的双重激励可以大大提升教师的创新积极性。在教学、科研和社会服务中取得显著成就的教师和团队应当获得相应的奖励，以认可他们的贡献。这不仅能激发个人的创造力，还能在整个师资队伍中营造出积极向上的创新氛围。通过这样的激励机制，学校可以有效地提升其整体教学和科研水平，推动高等教育管理学科的不断进步。

定期组织创新成果展示会是推广创新成果的重要途径。这些展示会应邀请校内外专家和行业代表参与，以促进成果的广泛传播与应用。通过展示会，教师和学生能够获得来自不同领域的反馈和建议，进一步完善和提升其研究成果。同时，这也是提升创新成果社会认知度的良好机会，有助于扩大其影响力。通过这种交流与互动，学校能够建立更为广泛的学术和社会网络，推动创新成果的跨界合作与应用。

建立创新成果的商业化支持平台是推动研究成果转化为市场产品的关键步骤。这样的平台可以为教师和学生提供从研发到成果市场化的全程支持，帮助他们实现研究成果的实际应用与产业化。这不仅能够为学校创造经济效益，还能为师生提供实践经验，提升其市场竞争力。通过商业化的途径，学校的创新成果可以更好地服务于社会，实现其应有的价值。

鼓励教师与企业合作是实现创新成果实践应用的重要方式。通过校企联合项目，教师可以将理论研究与实际应用相结合，增强成果的市场价值。这种合作不仅能够为教师提供更多的实践机会，还能为企业带来新的技术和理念，实现双赢的局面。通过这样的合作，学校可以更好地推动创新成果的实际应用，提升其在社会和市场中的影响力。

第三节　师资队伍建设的激励与保障机制

一、薪酬激励机制的优化

（一）绩效工资与奖励制度的完善

建立一个基于绩效的薪酬体系是确保教师薪酬与其教学效果、科研成果及社会服务等多方面表现挂钩的有效途径。这种体系不仅能激发教师的积极性和创造力，还能促进他们在各自领域的精耕细作。通过明确的绩效指标和评估标准，教师能够清晰地看到自身努力与回报之间的关系，从而激发更大的工作热情和创新动力。此外，设立年度绩效评估机制也是完善薪酬激励机制的重要环节。通过明确评估标准和流程，确保评估的公正性和透明度，能够有效激励教师在教学和科研方面不断追求卓越。通过科学合理的评估体系，教师不仅能够获得公正的评价，还能通过评估反馈了解自己的优劣势，以便在未来的工作中进行针对性改进，提高整体教学和科研水平。

为了满足不同教师的需求，多元化的奖励形式是薪酬激励机制中不可或缺的一部分。通过引入奖金、晋升、学术荣誉等多种形式的奖励，能够增强教师的工作动力和归属感。这种多样化的奖励机制不仅能满足教师在物质和精神层面的需求，还能激发他们的内在驱动力，推动他们在职业道路上的不断进步。与此同时，定期开展绩效反馈与交流活动也是推动教师职业发展与能力提升的重要手段。通过这些活动，教师能够及时了解自身的优缺点，并在此基础上进行自我反思和调整，从而促进其职业发展与能力提升，形成良性循环。这种反馈与交流不仅有助于教师个人的成长，还能为整个师资队伍的建设提供宝贵的经验和借鉴。

此外，建立团队绩效奖励机制是促进教师间合作的有效手段。通过鼓励教师合作，可以协同推进教学和科研目标，从而提升整体师资队伍的凝聚力与战斗力。团队绩效奖励机制能够有效地将个人目标与团队目标相结合，激励教师在个人发展的同时，也为团队的成功贡献力量。这种机制不仅能够提升团队的整体绩效，还能增强教师之间的信任和协作意识，形成团结一致、共同进步的良好氛围。通过团队绩效奖励机制，教师能够在相互合作中实现更大的突破和创新，为高等教育管理学科的长远发展奠定坚实的基础。

(二)高层次人才的专项补贴

在高等教育管理学科的师资队伍建设中，高层次人才的专项补贴是一个至关重要的激励机制。高层次人才的引进和留用直接关系到教育质量的提升和学科的长远发展。设立高层次人才专项补贴，提供具有竞争力的薪资和福利，是吸引优秀教师加入高等教育机构的有效手段。通过提供有吸引力的经济支持，可以增强高校对顶尖学者的吸引力，使其愿意在高等教育机构中长期发展，进而促进教学和科研水平的提高。

为了更好地支持高层次人才的工作和生活，制定合理的补贴政策是必不可少的。这些政策应全面涵盖住房、科研启动资金等方面，以减轻高层次人才的生活和研究负担。通过提供住房补贴，可以有效解决人才在新城市的居住问题，而科研启动资金则能够帮助他们迅速开展研究工作，形成良好的学术氛围。这些措施不仅能提升高层次人才的工作满意度，还能促进其在学术领域的创新与发展。

建立高层次人才专项补贴的评估机制是确保资源合理配置与有效利用的关键。定期检查补贴的使用效果，可以帮助高等教育管理者及时调整政策，以适应不断变化的教育环境和人才需求。通过科学的评估机制，不仅能确保补贴资金的有效使用，还能提高高层次人才的工作效率和科研产出。这种机制的设立，有助于形成一个良性循环，使高层次人才的引进和培养更加科学化和系统化。

鼓励高层次人才参与国际交流与合作项目，是提升其学术视野和研究能力的重要途径。通过专项补贴支持其出国深造或参加国际会议，可以帮助他们获取最新的学术资讯和研究方法，拓宽国际交流渠道。这不仅有助于其个人学术水平的提升，还能为所在机构带来丰富的国际合作资源，提升整体学术影响力。因此，专项补贴在支持国际交流方面的作用不容忽视。

（三）长期贡献的奖励机制

在高等教育管理学科的建设中，建立长期贡献的奖励机制是提升教师积极性和推动学科发展的关键举措。长期贡献的评估标准是该机制的核心，通过定期对教师在教学、科研和社会服务等方面的贡献进行全面评估，可以确保奖励的公平性与透明性。这不仅有助于识别和表彰那些在教育事业中做出卓越贡献的教师，还能够激励其他教师向优秀看齐，形成良好的学术氛围。评估标准的制定需考虑多元化的指标，以全面反映教师的综合能力和长远贡献。

设立长期贡献的荣誉称号和奖项，是对教师职业成就的高度认可。这些荣誉称号和奖项不仅是对教师个人努力的肯定，更是对其在教育事业中所发挥影响力的赞赏。通过这种方式，可以有效增强教师的职业认同感与归属感，使他们在职业生涯中感受到成就与尊重。荣誉的设立需结合学科特点与学校文化，以激发教师的内在动力，并鼓励他们在各自的专业领域中不断追求卓越。

制定针对长期贡献者的职业发展支持政策，是确保教师持续成长与进步的重要手段。通过提供更丰富的培训和发展机会，学校可以帮助教师不断更新知识结构，提升专业技能，从而适应快速变化的教育环境。这些政策包括提供进修机会、学术交流平台和职业晋升通道等，旨在为教师的个人发展提供坚实的支持。通过这种方式，学校不仅能留住优秀人才，还能推动整体师资队伍的素质提升。

建立长期贡献的资金支持机制，对表现突出的教师提供专项资金，是奖励机制的重要组成部分。这些资金可以用于支持教师的科研项目、教学创新或个人发展计划，帮助他们在专业领域中取得更大突破。资金支持不仅是对教师过去贡献的奖励,更是对其未来发展的投资。通过这种方式,学校可以促进教师在教育事业中不断创新,推动高等教育管理学科的持续发展与进步。

二、职业发展保障机制的建立

(一)职称评聘制度的优化

职称评聘制度的优化是高等教育管理学科师资队伍建设中的关键环节。建立明确的职称评聘标准,对于保障评审过程的透明性和公正性至关重要。教师需要清晰了解晋升所需的具体条件和要求,以便在职业发展中有明确的目标和方向。通过建立一套详细且合理的评聘标准,能够有效减少标准模糊导致的评审争议,增强教师参与评审的信心和积极性。

引入多元化的职称评审机制,可以有效避免单一指标导致的评审偏差。教师的职业发展不仅仅依赖于教学能力,还涉及科研成果、社会服务等多方面的综合表现。因此,在职称评审中应综合考虑这些因素,使评审结果更具全面性和客观性。多元化的职称评审机制,可以更好地激励教师在各自的领域中发挥特长,促进师资队伍的整体发展。

定期开展职称评审培训,是提升评审委员会成员专业素养与评审能力的重要手段。通过培训,评审人员能够更新知识、提高评审技巧,确保评审工作的专业性与科学性。这样的培训不仅有助于评审成员理解最新的政策和标准,也能增强他们在评审过程中处理复杂问题的能力,从而提升评审工作的质量和公信力。

鼓励教师参与职称评聘的反馈与建议机制,是优化评审制度的重要途径。通过收集教师对评审制度的意见,可以发现现有制度中的不足之处,并据此进行调整和改进。这种反馈机制不仅增强了教师对评审制度的认同感,也促进了评审制度的不断完善,使其更符合实际需求和发展趋势。

(二)职业发展规划的指导

职业发展规划的指导在高等教育管理学科师资队伍建设中扮演着重要角色。制订个性化的职业发展计划是其中的关键环节。通过帮助教师根据自身的兴趣和特长设定明确的职业目标与发展途径,学校能够更好地支持教师的专业成长。这不仅有助于提升教师的教学质量,还能增强其在学术领域的影响力。个性化的职业发展计划强调了教师的自主性和创造性,鼓励他们在职业生涯中不断探索和创新。通过这种方式,教师能够在不断变化的教育环境中保持竞争力,并为学生提供更高质量的教育服务。

为了有效指导教师的职业发展,提供职业发展咨询服务是必不可少的。定期组织职业发展讲座和研讨会,能够提升教师对职业规划的认知与能力。这些活动为教师提供了一个交流和学习的平台,使他们能够分享经验、获取新知,并从中获得启发。通过与同行和专家的互动,教师能够更好地理解职业发展的趋势和要求,从而制订更切实可行的发展计划。这种持续的学习和交流对于教师的职业发展具有重要的推动作用,使其能够在职业生涯中不断进步。

建立职业发展档案是职业发展规划指导中的重要一环。通过记录教师的成长历程与成就,学校能够为其职业发展提供数据支持与参考依据。这不仅有助于教师自我反思和总结,还为学校在制定教师发展策略时提供了宝贵的信息。职业发展档案的建立需要系统化和规范化,以确保其能够真实反映教师的职业发展状况。通过这种方式,学校能够更好地了解教师的需求和潜力,从而为其提供更有针对性的支持和资源。

在职业发展保障机制中,鼓励教师参与外部培训和继续教育项目具有重要意义。这些项目能够有效提升教师的专业技能与综合素质,增强其职业竞争力。通过参加外部培训,教师能够接触到最新的教育理论和实践方法,从而不断更新自己的知识体系。此外,继续教育项目还为教师提供了一个拓展人脉和交流经验的平台,使其能够从中获得新的视角和灵感。这种持续的学习和发展对于教师的职业生涯具有重要的推动作用。

(三)职业发展资源的支持

在高等教育管理学科的师资队伍建设中,职业发展资源的支持是一个关键因素。职业发展资源的有效支持可以为教师提供广泛的学习和成长机会,从而提升其专业能力和学术水平。建立职业发展资源共享平台是实现这一目标的重要途径。通过这一平台,教师可以方便地获取各类培训、讲座和研讨会的信息。这种集中化的信息汇集不仅提高了资源的可达性,也使教师能够更好地规划自己的职业发展途径。平台的建立还促进了资源的高效利用,使教师能够在时间和精力上更为合理地安排自己的学习计划。

为了进一步支持教师的职业发展,设立专项资金是必不可少的。这些资金可以用于资助教师参加国内外的专业会议和培训项目。这种支持不仅能够提升教师的专业素养,还能为他们提供一个与国际同行交流学习的机会。通过参与国际会议,教师可以了解最新的研究动态和教学方法,进而将这些新知识应用于自己的研究和教学中。此外,专项资金的使用还可以激励教师积极参与职业发展活动,提升其在学术领域的竞争力。

在线学习平台为教师的自我提升提供了极大的灵活性与便利性。教师可以根据自身的需求和时间安排,自主选择合适的课程进行学习。这种学习方式打破了时间和空间的限制,使教师能够在工作之余不断提升自己的知识和技能。同时,在线学习平台的课程内容多样化,也为教师提供了丰富的学习选择,满足了其在不同发展阶段的学习需求。

建立校内外专家资源库也是支持教师职业发展的重要措施之一。通过定期邀请行业专家举办讲座或进行指导,教师可以在与专家的互动中拓宽视野,提升实践能力。这种专家资源的引入,不仅为教师提供了一个学习和交流的平台,也促进了校内外的学术交流与合作。专家的指导可以帮助教师在教学和研究中发现新的视角和方法,从而提高其教学质量和科研水平。

三、工作环境与条件的保障

(一)教学与科研设施的改善

教学与科研设施的改善在高等教育管理学科的师资队伍建设中起着至关重要的作用。优化教学空间布局是首要任务,通过提供灵活多样的学习环境,满足不同教学模式的需求,能够显著提升学生的学习体验。现代教育强调以学生为中心的教学方法,这要求教学空间能够适应小组讨论、互动式学习以及其他创新教学活动。因此,重新设计和配置教室、实验室以及公共学习空间,使其能够灵活转换和适应不同教学活动,是提高教学质量的关键措施之一。

建设先进的科研实验室和设备是推动学术创新的基础保障。高水平的科研活动需要依托高质量的实验设施和设备,这不仅有助于教师开展前沿研究,也为学生提供了参与科研的机会,培养他们的创新能力和实践技能。科研设施的现代化和多样化配置,能够吸引优秀的教师和学生加入学术团队,提升整个学科的科研水平和国际竞争力。因此,投入资源建设和更新科研设施,是提升师资队伍整体素质的重要手段。

提供高效的数字化教学平台也是教学与科研设施改善的重要方面。随着信息技术的快速发展,在线课程、学习管理系统和资源共享工具已成为现代教学的重要组成部分。通过整合这些数字化教学资源，教师可以更方便地设计和实施课程，学生也能更有效地获取学习资料和进行在线互动。这种数字化转型不仅提升了教学的便利性和互动性，还为教师提供了更广阔的教学创新空间，有助于提升整体教学质量。

改善校园基础设施，如网络环境和学习资源中心，是确保教师和学生在教学与学习过程中获得必要支持与服务的基本保障。高效的网络环境和丰富的学习资源，是现代教育不可或缺的要素。通过提升校园网络的稳定性和覆盖范围，教师和学生能够更加顺畅地进行在线教学和学习活动。同时，学习资源中心的建设和优化，提供了丰富的学术资源和支持服务，帮助师生更好地开展教学与科研活动。总之，完善的教学与科研设施是高等教育管理学科师资队伍建设的基础保障，直接影响着教育质量和学术水平的提升。

（二）工作氛围与文化的建设

在高等教育管理学科的师资队伍建设中，工作氛围与文化的建设对于教师的职业满意度和工作效率具有重要的影响。一个积极向上的校园文化不仅能够鼓励教师之间的相互支持与合作，还能有效提升团队的凝聚力和归属感。通过营造一个充满活力和创新精神的工作环境，教师更容易在日常工作中找到归属感和成就感，从而激发他们的工作热情和创造力。这种文化氛围的建设需要从管理层到普通教师的共同努力，通过明确的价值观和行为准则来引导和激励每一位教职员工。

定期举办教师交流活动和团队建设活动是改善工作氛围的重要手段之一。通过这些活动，教师可以在轻松愉快的环境中增进彼此之间的了解和信任，打破部门之间的隔阂，形成更加紧密的合作关系。这不仅有助于促进教师之间的沟通与理解，也为他们提供了一个分享教学经验和教学方法的平台，使他们能够从他人的成功经验中获得启发，进而改善自身的教学实践。团队建设活动还可以通过有趣的项目和挑战，增强团队成员之间的协作能力和问题解决能力，从而提升整个团队的工作效率。

倡导多元化的文化活动是丰富教师业余生活的重要举措。这些活动不仅可以增强校园的文化氛围，还能提高教师的整体幸福感。通过参与各种文化活动，教师可以在繁忙的工作之余放松身心，拓宽视野，增加生活的乐趣。多元化的文化活动还可以为教师提供一个展示自我才能和兴趣的平台，促进他们的全面发展。这种对教师生活质量的关注和提升，不仅有助于吸引和留住优秀的教师人才，还能为学校的发展注入新的活力和动力。

四、评价与考核机制的完善

(一)多元化评价标准的制定

在高等教育管理学科的师资队伍建设中，评价与考核机制的完善是确保教师队伍活力与质量提升的关键环节。多元化评价标准的制定是这一机制的重要组成部分，旨在通过多维度的评价体系，全面反映教师的综合素质。首先，建立基于多维度的教师评价体系是至关重要的。该体系不仅要考虑教师的教学效果，还要涵盖科研成果和社会服务等多个方面，以更全面地反映教师的综合素质。这种多维度的评价方式能够有效避免单一标准的局限性，促使教师在各个方面均衡发展。

此外，引入同行评审机制是提升评价公正性与权威性的有效手段。同行评审能够确保教师的教学与科研成果接受来自同领域专家的客观评价，从而提高评价的公正性。这种机制不仅促进了教师之间的学术交流，还为教师提供了一个相互学习与借鉴的平台。在制定多元化评价标准的过程中，明确的评价指标也是必不可少的。这些指标应涵盖课堂管理、学生参与度、课程设计等多个维度，以提高评价的科学性和合理性。通过这些明确的指标，教师能够更清晰地了解自身的优势与不足，从而有针对性地进行改进。

鼓励教师自我评估与反思是促进其专业发展的重要途径。通过自我评估，教师可以主动分析自身在教学与科研中的表现，制订个人发展计划。这不仅有助于教师的自我提升，也为学校提供了教师发展状况的第一手资料，从而能够更好地为教师的成长提供支持。此外，建立定期的反馈机制同样重要。通过收集学生和同行的意见，教师可以及时调整教学策略与研究方向。这种反馈机制不仅有助于教师的专业成长与发展，也为学校的教学质量提升提供了宝贵的参考。

(二)定期考核与反馈机制的建立

在高等教育管理学科中，建立定期考核与反馈机制对于提升师资队伍的整体素质具有重要意义。通过定期的教师考核制度，学校能够确保教师的教学质量和科研水平得到及时的评估与反馈。这种机制不仅有助于教师个人的职业发展，也为学校整体的教育质量提供了保障。考核制度需要涵盖多个维度，包括教学效果、科研成果以及学生反馈等，以全面反映教师的综合素质。通过详细的指标体系，学校可以对教师的表现进行全方位的评估，确保考核结果的准确性和公正性。

制定考核标准是定期考核与反馈机制中的关键环节。标准应当科学合理，能够全面反映教师的综合素质。教学效果可以通过学生的学习成绩、课堂表现和学生的满意度调查结果等多方面来评估，而科研成果则可以通过发表论文的数量与质量、参与科研项目的情况等指标来衡量。此外，学生反馈作为重要的参考维度，可以帮助学校了解教师在教学过程中的具体表现。这样的多维度考核标准不仅能够提升考核的全面性，还能够为教师提供具体的改进方向。

为了提升考核的客观性和公正性，引入同行评审机制是一个有效的策略。通过教师之间的相互评价，可以有效避免单一评价主体带来的偏见，提升考核结果的客观性。同时，同行评审也能够增强教师之间的专业认同感，促进教师在专业领域的共同进步。教师在相互评价的过程中，不仅能够获得他人的中肯意见，还能够通过对他人的评价来反思自身的教学与科研实践。这种双向的互评能够有效促进教师的专业成长。

第四章　高等教育管理学科建设的资源配置

第一节　人力资源配置与高等教育管理学科建设

一、人力资源的引进与培养

(一)优秀人才的招聘策略

在高等教育管理学科建设中,优秀人才的招聘策略至关重要。制定明确的人才招聘标准是确保选聘到符合学科建设需求的高素质人才的首要步骤。这些标准不仅要涵盖学术能力,还需考虑候选人的教学经验、研究成果及管理潜力,以确保他们能够胜任学科建设的多样化需求。此外,招聘标准应具备一定的灵活性,以便适应学科发展的动态变化。

为了吸引不同背景和专业的优秀人才,利用多渠道宣传招聘信息显得尤为重要。通过传统媒体、社交平台及专业学术会议等多种途径发布招聘信息,可以扩大信息的覆盖面,吸引更多潜在的应聘者。同时,针对不同的目标群体,招聘信息的内容和形式也需进行适当调整,以增强其吸引力和针对性。

建立灵活的招聘流程是提高招聘效率并快速响应人才市场变化的关键。灵活的招聘流程不仅可以缩短招聘周期,还能在人才市场发生变化时迅速调整策略,以便及时引进所需人才。通过简化面试流程、优化评估机制和加快决策速度,可以有效提升招聘效率,确保高等教育管理学科建设的人力资源需求得到及时满足。

加强与高等院校和研究机构的合作,也是挖掘潜在人才资源的重要途径。通过与国内外知名院校及研究机构建立长期合作关系,不仅可以共享人才信息,还能通过联合培养、学术交流等方式发现和吸引优秀人才。这种合作有助于拓宽人才来源渠道,增加高素质人才的储备。

提供具有竞争力的薪酬和福利是吸引并留住优秀人才的关键因素之一。在制定薪酬和福利政策时,不仅要考虑市场水平,还要结合学科特点和人才的实际贡献进行合理设计。通过提供优厚的薪资待遇、完善的职业发展道路及丰富的福利项目,可以有效提高人才的满意度和忠诚度,从而为高等教育管理学科建设提供持续的人力支持。

(二)内部人才的培训与提升

在高等教育管理学科建设中,内部人才的培训与提升是确保学科持续发展的关键环节。通过建立系统化的内部培训计划,高校可以涵盖不同层次和领域的知识,以满足各类人才的成长需求。这不仅有助于提升员工的专业素养,还能增强他们对学术环境的适应能力。培训计划应根据学科特点和发展目标进行设计,确保内容的多样性和实用性,以便更好地服务于学科建设的长远目标。

为了促进内部知识的更新与分享,定期的专业技能提升工作坊显得尤为重要。通过邀请行业专家举办讲座和进行指导,员工可以获得最新的行业动态和前沿技术。这种直接的知识传递方式,不仅能激发员工的学习热情,还能在无形中提升整个团队的学术氛围。此外,工作坊的互动形式也为员工提供了一个交流和碰撞思想的平台,从而促进创新能力的培养。

导师制的实施是帮助新员工快速适应工作和环境并提升专业能力的有效途径。通过资深员工的指导和支持,新员工能够更快地融入团队,并在实际工作中得到及时的反馈和建议。这种一对一的指导模式,有助于新员工在短时间内掌握必要的技能,并建立起对工作的信心。同时,导师制也为资深员工提供了一个展示和提升自身领导能力的机会,形成良好的内部人才循环机制。

鼓励跨部门交流与协作是提升员工综合素质与团队协作能力的有效策略。通过参与跨部门项目合作,员工不仅能够拓宽视野,还能在实践中锻炼解决复杂问题的能力。这种协作模式,有助于打破部门壁垒,促进信息和资源的共享,从而提升组织的整体效能。此外,跨部门的合作也能激发员工的创新思维,推动高等教育管理学科建设的多元化发展。

建立绩效考核与激励机制是确保培训成果与员工职业发展相结合的重要手段。通过科学合理的考核标准,学校可以有效评估员工的培训效果,并为表现优异者提供相应的激励措施。这不仅能激发员工的参与动力,还能引导他们将个人发展目标与学科建设目标相结合,形成良性互动。合理的激励机制,能够增强员工的归属感和责任感,从而为高等教育管理学科建设提供持续的人力支持。

(三)人才激励机制的建立

在高等教育管理学科建设中,建立有效的人才激励机制至关重要。人才激励机制的建立不仅是为了吸引和留住优秀人才,更是为了激发他们的潜力和创造力。通过建立多元化的激励机制,包括物质奖励、荣誉表彰和职业发展机会,可以满足不同人才的需求和期望。这种多元化的激励方式能够有效提升员工的工作满意度和忠诚度,使他们在学科建设中发挥更大的作用。

为了确保激励措施的有效性和适应性,高校需要定期进行员工满意度调查。通过收集和分析员工的反馈,高校可以识别出当前激励政策的不足之处,并据此进行调整。这种动态调整的机制不仅能够提高激励措施的针对性,还能增强员工对学校管理的信任感和归属感。此外,设立创新奖励基金也是激励机制中的重要一环。通过鼓励员工提出和实施创新项目,不仅可以激发其创造力和主动性,还能为高等教育管理学科建设注入新的活力。

在人才激励机制中,建立清晰的职业晋升通道也不可或缺。明确的人才发展途径能够激励员工追求更高的职业目标,同时也为他们提供了成长和发展的方向。这种职业晋升通道不仅能帮助员工实现个人价值,还能为学校培养出更多的高层次人才。此外,鼓励团队合作与集体荣誉也是提升团队凝聚力的重要手段。通过团队绩效奖励,能够有效提升团队的整体工作积极性,使每个成员都能在团队中找到自己的位置,并为共同的目标而努力。这种团队导向的激励机制在高等教育管理学科建设中具有重要的意义。

二、人力资源的优化配置

(一)高等教育管理学科团队的组建与协作

在高等教育管理学科建设中,学科团队的组建与协作是实现学科目标的关键环节。学科团队的组建不仅需要考虑成员的专业背景和研究方向,还需关注团队的多样性,以促进不同学术思想的碰撞与融合。通过科学合理的人员配置,形成一个既具备创新能力又具备高效执行力的团队，才能在激烈的学术竞争中脱颖而出。团队成员需具备良好的合作精神和沟通能力，以确保在多元化的学术环境中实现高效协作。

明确学科团队的目标与定位是团队成功的基础。只有在共同愿景的指引下，团队成员才能朝着同一方向努力。团队目标的设定应与学科发展方向紧密结合，并根据学科的实际需求进行调整。通过明确的目标定位，团队成员可以更好地理解各自的角色和任务，从而在协同工作中发挥最大效能。这种目标导向的团队协作模式，不仅提升了团队的整体效率，也提高了成员的个人成就感和归属感。

建立有效的沟通机制是促进团队成员之间信息共享与协作的重要手段。在团队运作中，畅通的信息交流渠道能够有效避免误解和冲突的发生。通过定期的团队会议、工作坊及线上交流平台，团队成员可以及时分享研究进展和成果，交流学术观点和经验。此外，开放的沟通环境还能够鼓励成员提出创新性建议，进而推动高等教育管理学科建设的持续发展。

制定团队成员的角色分工与责任是提高工作效率和成果质量的关键。每位成员应根据专业特长和研究兴趣承担相应的任务，以充分发挥个人优势。明确的角色分工不仅有助于避免工作重叠和资源浪费，还能确保每项任务都有专人负责和跟进。通过合理的责任划分，团队可以在项目推进中保持高效的运作状态，从而提高高等教育管理学科建设的整体水平。

开展定期的团队建设活动有助于增强团队凝聚力和成员之间的信任。在高等教育管理学科的团队中，成员往往来自不同的学术背景和文化环境，定期的团队建设活动可以帮助成员加深相互了解，建立良好的合作关系。通过团队活动，成员之间的信任和友谊得以加强，这不仅促进了团队内部的和谐氛围，也为学科建设的长远发展奠定了坚实的基础。

（二）教师的教学与科研任务分配

合理的任务分配原则是确保每位教师在教学与科研之间找到平衡的关键。这种平衡不仅能提升教师的工作满意度，还能提高他们的工作成效。在这一过程中，需要充分考虑教师的专业背景与研究兴趣，制定个性化的任务分配方案。这样的方案能够帮助教师充分发挥其特长与优势，为高等教育管理学科建设贡献更大的力量。与此同时,建立定期的任务评估机制也是至关重要的。通过这样的机制,可以及时调整教师的教学与科研任务,以适应学科发展的变化与需求。定期的评估与调整不仅能优化教师的工作安排,还能确保学科建设的动态适应性。

在教师的任务分配中,促进教师之间的协作与资源共享是一项重要策略。通过团队合作完成科研项目,不仅可以提高整体科研产出,还能提升教学质量。教师在合作中能够共享资源、互相学习,从而在教学与科研中取得更大的突破。此外,鼓励教师参与跨学科的科研项目也是提升学科建设水平的重要途径。跨学科的项目能够拓宽教师的研究视野,使其在教学中融入更多丰富性与前沿性内容。这样的参与不仅有助于教师个人的发展,也能推动整个学科的创新与进步。因此,合理的教学与科研任务分配,不仅关乎教师个人的发展,也对整个高等教育管理学科建设的资源配置起到至关重要的作用。

(三)跨学科人才的整合利用

通过有效整合利用跨学科人才,可以在高等教育管理学科建设中促进知识的多元化和创新。这一过程不仅需要识别各学科之间的共性和差异,还需建立健全的合作机制,以实现资源的最佳配置。国内外的研究表明,跨学科合作能够打破学科壁垒,促进知识的流动与创新,从而推动学科的整体发展。为此,高校需要制定有效的政策和策略,以吸引和留住优秀的跨学科人才。

跨学科团队的组建与管理是实现跨学科人才整合利用的关键环节。通过组建多元化的跨学科团队,可以促进不同学科之间的知识共享与创新合作。这种团队管理需要一种开放的文化和灵活的管理机制,以支持团队成员之间的有效沟通与协作。跨学科团队的成功运行不仅依赖于团队成员的专业能力,还需依靠团队领导的管理艺术和协调能力。通过合理的管理和激励机制,可以最大限度地发挥跨学科团队的潜力,推动高等教育管理学科建设的创新发展。

建立跨学科研究项目的资金支持机制是推动跨学科合作的重要保障。通过设立专门的资金支持渠道,鼓励多学科团队共同申请研究经费,可以有效降低跨学科合作的障碍。这种资金支持机制需要透明、公平,并能够灵活适应不同学科的研究需求。通过合理的资金配置,可以激发研究人员的积极性,促进跨学科的深入合作与交流,从而推动高等教育管理学科的全面发展。

开展跨学科的学术研讨会和交流活动是增进不同学科研究人员之间理解与合作的有效途径。这些活动为研究人员提供了一个开放的交流平台，能够促进思想碰撞与学术创新。通过定期举办跨学科的研讨会，可以增进学科之间的相互理解，打破学科壁垒，激发新的研究思路和合作机会。这种形式的学术交流不仅丰富了研究人员的学术视野，也为高等教育管理学科建设提供了新的动力。

三、人力资源的评估与管理

（一）绩效考核体系的建立

为了全面评估教职员工的工作表现，必须建立科学合理的绩效考核指标体系。这个体系应涵盖教学、科研、服务等多个维度，以确保对教职员工的全面评价。通过多角度的指标设计，不仅能反映出员工在各自领域的专业水平，还能考量其对学校整体发展的贡献度。这样的体系有助于识别出高潜力人才，并为他们提供更有针对性的支持和发展机会。

在绩效考核的实施过程中，引入多元化的考核方式是确保结果客观性与公正性的关键。自评、互评和高等教育管理者评估相结合，可以从不同角度获取员工的工作表现信息。自评让员工反思自身的优缺点，互评则通过同事间的反馈提供更多视角，而高等教育管理者评估则从组织的战略层面进行综合判断。这种多元化的方式不仅提高了考核的准确性，还增强了员工之间的理解和信任，从而营造出更为和谐的工作氛围。

结合组织目标与个人发展需求，制订个性化的绩效提升计划是激励员工的重要策略。每位员工都有其独特的职业追求和发展道路，因此在制订提升计划时，必须充分考虑个人的兴趣和潜力。通过量身定制的计划，员工不仅能在工作中实现个人价值，还能为组织的整体目标做出更大贡献。这种双赢的策略能够显著提高员工的工作满意度和忠诚度。

（二）教师职业发展规划的指导

教师职业发展规划的指导在高等教育管理中扮演着重要角色。通过科学合理的规划，教师能够更清晰地设定职业发展目标，以帮助他们明确短期与长期的职业规划和发展方向。这不仅有助于教师个体的成长，也在整体上促进了高等教育管理学科建设的质量提升。教师职业发展目标的设定需要结合个人的专业背景、兴趣以及学科发展的需求,确保规划的科学性和可行性。明确的职业发展目标使教师在职业生涯中更具方向感和动力,能够更有效地投入到教学和科研工作中。

为了更好地支持教师的职业发展,提供个性化的职业发展指导显得尤为重要。针对教师的专业背景和发展需求,可以制定相应的提升方案。这种个性化指导不仅能够帮助教师识别自身的优势与不足,还能为他们提供切实可行的发展道路。通过量身定制的职业发展方案,教师能够在专业领域中不断提升自己的能力,进而在学术界和教育界中取得更大的成就。这种针对性的指导也有助于提升教师的职业满意度和归属感。

建立教师职业发展档案是教师职业发展规划中的重要环节。这些档案详细记录了教师的成长历程与专业成就,为后续的评估与反馈提供了可靠的依据。通过档案,高等教育管理者能够全面了解教师的职业发展情况,从而为他们提供更有针对性的支持和资源配置。此外,职业发展档案也为教师自身提供了一个反思和总结的平台,帮助他们更好地规划未来的职业发展道路。

定期组织职业发展研讨会是促进教师职业发展的有效方式之一。通过研讨会,教师之间可以分享经验与心得,交流职业发展的挑战与机遇。这种互动不仅能够激发教师的创新思维,还能增强他们的共同体意识。在这种开放的交流环境中,教师能够获得新的灵感和思路,从而更好地应对职业生涯中的各种挑战。研讨会的组织也体现了对教师职业发展的重视和支持。

(三)人才流动的合理引导

在高等教育管理学科建设中,合理引导人才流动是优化人力资源配置的重要策略。人才流动不仅涉及人力资源的重新分配,还影响到学科建设的质量和效率。通过建立科学的人才流动政策框架,各类人才能够在不同岗位之间合理流动,实现资源的最优配置。这一过程需要考虑学科特点和人才需求,以确保人才在流动中能够充分发挥其专业特长,促进学科的可持续发展。

实施有效的人才流动激励机制是推动内部岗位调动的关键。通过提供明确的晋升通道和职业发展支持,员工在内部流动的意愿将大大增强。这不仅有助于提升员工的工作满意度,还能激发其潜力,促进个人与组织的共同发展。高等教育机构应注重员工的职业成长,创造一个有利于人才发展的环境,以激励更多的人才在内部进行积极流动。

定期对人才流动的效果进行评估是确保流动政策有效性的必要手段。通过分析人才流动对高等教育管理学科建设和团队合作的影响,高等教育管理者可以获得宝贵的数据支持,为后续的政策调整提供科学依据。评估过程应包括对流动后学科建设成果的检验,以及对团队协作效率的观察,从而全面了解人才流动的实际效果。

跨部门和跨学科的人才交流能够显著提升员工的综合素质和适应能力。通过鼓励员工在不同领域和项目中积累经验,个人的职业视野将得到拓展,适应能力也会随之增强。这种交流不仅有助于个人成长,还能为高等教育管理学科建设带来多元化的思维方式和创新活力,推动学科的多样化发展。

第二节　物质资源配置与高等教育管理学科建设

一、物质资源对高等教育管理学科建设的支撑作用

(一)教学设施与实验设备的重要性

现代化的教学设施直接影响学生的学习效率与体验,先进的教学设备不仅提升了课堂的互动性,还增强了学生的参与感。通过引入智能化的教学工具,教师可以更直观地展示复杂概念,学生也能更轻松地掌握知识要点。此外,现代化教学设施的应用有助于培养学生的创新思维和实践能力,为他们未来的职业发展奠定坚实基础。

实验设备的配备对科研活动的开展至关重要。充足且先进的实验设备不仅支持高水平的学术研究,还促进了创新实践。高等教育机构通过不断更新和完善实验设备,能够为学生提供更优质的实验环境,从而激发他们的科研热情与创新能力。同时,实验设备的先进性也决定了高等教育管理学科在国际学术界的竞争力,这对于提升学校的声誉和吸引国际合作具有重要意义。

良好的教学环境是提高教师教学效果的关键因素之一。适宜的教室布局和先进的设备能够显著增强教师的授课质量和加深学生的理解程度。通过合理设计教室空间和配置现代化教学设备,教师可以更灵活地调整教学策略,满足不同学生的学习需求。此外,良好的教学环境也有助于提升学生的学习动机和课堂参与度,从而实现更好的教学效果。

物质资源的合理配置对于优化课程设置具有重要作用。通过科学分配教学

设施和实验设备，各学科的教学需求能够得到有效满足，从而提升整体教育质量。合理的资源配置不仅能够支持多样化的课程设计，还能促进跨学科合作与交流，为学生提供更广阔的学习视野和发展空间。这种优化的资源配置模式有助于培养具有国际视野和创新能力的人才。

高质量的物质资源配置是吸引优秀师资的重要因素。教师在良好的教学设施中更容易发挥其专业能力与创新潜力。先进的教学和实验设备不仅为教师的教学和科研提供了便利条件，还提升了他们的工作满意度和职业成就感。通过不断改善物质资源配置，高等教育机构能够吸引和留住更多优秀的教师，从而提升整体教学和科研水平，助力高等教育管理学科的长远发展。

（二）图书馆与信息资源的保障

图书馆资源的丰富性不仅为研究人员和学生提供了广泛的文献支持和数据来源，还为高等教育管理学科建设奠定了坚实的基础。通过提供多样化的学术资源，图书馆帮助研究者在各自领域内深入探索，同时也为学生提供了获取最新知识的途径。这种丰富性确保了学科建设能够在多样化的知识背景下不断发展，从而提升整体的学术水平。

数字信息资源的建设与维护是现代图书馆的重要任务之一。随着科技的进步，学术资源的数字化成为必然趋势。这不仅要求图书馆具备先进的技术设施，还需要持续更新资源库以保证资源的时效性。通过高效的数字信息资源获取机制，师生可以便捷地获取所需的学术资料，大大提升了研究与学习的效率。这种高效获取的能力是高等教育管理学科建设中不可或缺的一部分，为学术研究提供了坚实的支持。

图书馆的学术服务与咨询功能是其核心价值的体现之一。通过提供专业的学术咨询服务，图书馆帮助师生更好地利用信息资源，促进知识的获取与交流。无论是文献检索、数据分析，还是研究方法的指导，图书馆都能为用户提供个性化的支持。这种服务不仅提高了学术研究的质量，也在一定程度上推动了高等教育管理学科建设的进步，使师生能够在一个良好的学术环境中进行研究与学习。

信息素养教育的开展是图书馆支持高等教育管理学科建设的另一重要方面。通过系统的信息素养培训，图书馆提升了师生的信息检索与利用能力，为学科建设提供了必要的技能支持。信息素养不仅是现代学术研究的基本要求，也是培养创新型人才的关键因素之一。通过提高师生的信息素养，图书馆为学科建设提供了更为广阔的发展空间，促进了学术研究的深入开展。

(三)研究基地与实践场所的需求

研究基地与实践场所是高等教育管理学科建设中不可或缺的组成部分,其需求日益受到重视。研究基地的建设应充分考虑多学科交叉的特点,以促进不同领域的合作与创新。这种多学科交叉的研究环境不仅可以激发学术思想的碰撞,还能推动科学技术的进步和社会问题的解决。因此,在规划研究基地时,应积极引入跨学科的合作机制,鼓励不同学科背景的研究者共同参与项目,形成合力攻克难题的氛围。

实践场所的布局与设计需紧密结合教学与研究的实际需求,提供灵活多样的使用空间。高等教育管理学科的实践活动往往涉及复杂的实验和模拟场景,这就要求实践场所在设计时考虑到不同教学模式的适配性。灵活的空间布局不仅能满足多样化的教学需求,还能为不同规模的研究活动提供支持。实践场所的设计应注重开放性和可变性,以便在不同的教学和研究任务中实现空间的高效利用。

研究基地应配备先进的技术设施,以支持高水平的实验和实践活动。高等教育管理学科的研究往往依赖于复杂的数据分析和模拟技术,因此,研究基地需要配备现代化的计算机设备和实验仪器。这些技术设施不仅是开展高水平研究的基础,也是培养学生实践能力的重要工具。通过技术设施的不断更新和完善,研究基地能够为学科建设提供坚实的技术支撑,提升整体的科研水平和教学质量。

实践场所的可持续性设计是确保其在使用过程中对环境友好与资源高效利用的关键。随着环境保护意识的增强,实践场所的设计应将可持续性作为重要考量因素。通过采用节能环保的建筑材料和设备,实践场所可以在降低能耗的同时,减少对环境的负面影响。此外,合理规划资源的使用和管理,可以有效提高资源的利用效率,实现经济效益与环境效益的双赢。

二、物质资源的规划与建设

(一)基础设施的长远规划

制定基础设施建设的长期发展规划,能够确保设施布局与高等教育管理学科发展需求相匹配,避免资源浪费。这一过程需要全面评估学科发展的方向和需求,结合学校的整体战略目标,合理配置资源,以支持学科的可持续发展。同时,规划的制定不仅要立足当前,还应具有前瞻性,预见未来发展的趋势和挑战,确保基础设施能够长期支持学科建设的需要。

为了确保基础设施建设的有效性，建立评估与反馈机制至关重要。定期收集使用者的意见，可以帮助高等教育管理者及时调整和优化设施配置，确保其能够满足师生的实际需求。通过这种机制，学校可以在基础设施的使用过程中，发现问题并迅速采取措施进行改进，从而提高资源的使用效率。此外，评估与反馈机制还可以为未来的规划提供重要的数据支持，帮助决策者做出更加科学合理的判断。

在现代高等教育管理中，引入智能化管理系统是提高基础设施使用效率和管理水平的有效手段。智能化管理系统能够实时监控基础设施的使用情况，提供数据分析和决策支持，提升服务质量和用户体验。通过应用先进的信息技术，学校可以实现对资源的精细化管理，减少浪费，提高整体管理效能。智能化系统的应用，不仅能够提高资源利用率，还能为师生提供更加便捷和高效的服务。

加强与相关行业和科研机构的合作，是提升基础设施建设水平的重要途径。通过合作，学校可以及时获取前沿技术和研究动态，将其应用于基础设施建设中，提升高等教育管理学科的竞争力。这种合作不仅可以带来技术上的支持，还能为学校的学科建设提供新的思路和方法，促进学科的创新发展。与外部机构的合作，也为学校提供了更多的资源和平台，帮助其在激烈的竞争中脱颖而出。

在基础设施建设中，制定可持续发展的标准是不可或缺的。关注环境保护与资源节约，不仅是社会责任的体现，也是实现经济效益与社会效益双重提升的途径。通过采用绿色建筑技术和节能环保材料，学校可以在降低运营成本的同时，减少对环境的负面影响。这种可持续发展的理念，将帮助学校在基础设施建设中，走出一条经济与生态协调发展的道路，为高等教育管理学科建设提供坚实的支持。

(二)实验室与研究中心的布局

实验室与研究中心的布局在高等教育管理学科建设中扮演着关键角色。这些设施的合理布局不仅仅是空间的安排，更是学科发展的基础。通过科学的布局设计，可以有效地促进多学科合作与资源共享，确保不同研究领域的需求得到满足。实验室和研究中心的功能区划分尤为重要，合理的区划可以提高空间利用率，同时为科研人员提供一个高效的工作环境。为了实现这一目标，规划者需要充分考虑各个学科的特点与需求，确保每个研究领域都能获得所需的资源与支持。

实验室设备的现代化与标准化是提升实验操作安全性与效率的重要手段。现代化设备不仅可以支持高水平的科研活动，还能为研究人员提供更为安全的操作环境。标准化的设备配置有助于简化操作流程，减少人为错误的发生，从而提高实验的可靠性与效率。此外，设备的现代化也意味着研究中心能够快速适应科技发展的新趋势，保持在科研前沿。通过不断更新设备和技术，实验室与研究中心可以为学科建设提供坚实的硬件基础，推动高等教育管理学科的持续发展。

研究中心的开放性设计是增强创新能力与项目成果转化的关键。开放性设计不仅是物理空间的开放，更是思想与文化的开放。通过鼓励外部合作伙伴与研究人员的互动，研究中心可以成为创新的孵化器。开放性设计促进了多学科的交流与合作，有助于打破学科之间的壁垒，激发科研人员的创造力。这样的环境能够吸引更多的外部资源与人才，推动项目成果的快速转化与应用，从而提升高等教育管理学科建设的整体水平。

实验室的灵活空间布局是适应不同类型实验与研究活动的必要条件。灵活的空间布局可以根据不同的研究需求进行快速调整，以支持多样化的科研活动。这样的布局不仅提升了科研人员的工作效率，也为他们提供了更多的创造空间。灵活的空间布局可以通过模块化设计实现，这种设计方式允许科研人员根据实际需要自由组合实验空间，最大限度地利用有限的资源，推动高等教育管理学科建设的创新与发展。

（三）数字化资源平台的搭建

数字化资源平台的建设应以用户需求为导向，提供个性化的学习与研究支持，确保资源的高效利用。在设计过程中，必须深入了解学术用户的多样化需求，以便提供量身定制的服务。这不仅涉及资源的丰富性和多样性，还需要考虑用户在使用过程中的体验和便利性。通过对用户需求的精准分析，平台能够在资源提供上做到有的放矢，提高整体的使用效率和用户满意度。

数字化资源平台的建设还应整合多种数字资源类型，包括电子书籍、期刊、数据库和在线课程，以满足不同学科的研究与学习需求。这种整合不仅可以丰富资源的种类，还能够为用户提供一个一站式的学术资源获取平台。不同类型的资源之间可以形成互补关系，增强用户的研究深度和广度。此外，平台还应具备更新和扩展的能力，以便及时引入最新的学术资源和研究成果，保持平台的前沿性和竞争力。

建立智能化的信息检索系统是数字化资源平台建设的另一个关键环节。通过先进的检索技术，平台可以提升用户在信息获取过程中的效率，确保用户能够快速找到所需的学术资源。智能检索系统不仅需要具备强大的搜索功能，还应支持多种检索方式，如关键词、主题、作者等，以适应不同用户的使用习惯。通过不断优化检索算法，平台可以提高检索结果的相关性和准确性，进一步提升用户体验。

数字化资源平台还应具备良好的互动功能，以促进师生之间的交流与合作，增强学术社区的凝聚力。互动功能的设计应以用户体验为核心，提供便捷的沟通渠道和丰富的交流形式。通过在线讨论、协作项目和学术分享等功能，平台可以打造一个开放的学术交流环境，激发师生的创新思维和合作精神。这种互动不仅可以提升学术研究的质量，还能够促进高等教育管理学科的整体发展。

三、物质资源的更新与维护

（一）设备的定期更新与升级

高等院校需要制订科学合理的设备更新计划，以确保教学与科研的顺利进行。设备的更新不仅仅是技术上的提升，更是对教育质量的保障。通过定期更新设备，学校可以为师生提供更为先进的教学工具和实验条件，进而提升整个教育体系的效率和效果。此外，设备的更新也有助于提高学校的竞争力，使其在快速变化的教育环境中保持领先地位。因此，设备的定期更新与升级不仅是物质资源管理的核心任务之一，也是推动高等教育管理学科建设持续发展的重要保障。

建立设备更新的预算机制，确保资金的合理分配与使用，支持设备的及时更新与维护，是高等教育管理中不可或缺的一部分。预算机制的建立需要结合学校的实际需求和财务状况，确保在有限的资源下实现最大的设备效能。合理分配资金，优先更新关键设备，能够有效避免设备老化导致的教学与科研效率下降。同时，完善的预算机制也能帮助学校在设备更新时获得更好的议价能力，从而降低采购成本。此外，通过合理的预算安排，学校可以在设备更新上保持灵活性，及时响应新技术的出现和应用需求，为师生提供更为现代化的教学和研究环境。

制定设备使用的周期性评估标准，定期检查设备的性能与适用性，以决定是否需要更新或替换，是确保设备高效运行的重要手段。周期性评估标准的制定需要结合设备的使用频率、性能指标以及教学科研的实际需求。通过定期评估，学校可以及时发现设备的潜在问题，预防设备故障对教学和科研活动造成的影响。此外，评估结果还可以为设备更新提供数据支持，帮助学校在设备选择上做出更为科学的决策。通过严格的评估和检查机制，学校可以确保设备始终处于最佳状态，从而为教学和科研活动提供可靠的保障。

引入先进的管理信息系统，实时监控设备的使用状态和故障率，提升设备管理效率与响应速度，是现代高等教育管理的必然趋势。管理信息系统的应用不仅提高了设备管理的透明度，还大幅提升了管理效率。通过实时监控设备的使用情况，管理人员可以快速响应设备故障，减少设备停机时间，保障教学和科研活动的连续性。同时，信息系统的应用也能帮助学校积累设备使用数据，为未来的设备更新和维护提供重要参考。此外，信息系统的引入能够有效整合各类设备信息，帮助学校在设备管理上实现精细化和智能化。

鼓励教师和研究人员参与设备更新的需求反馈，确保新购置的设备能够满足实际教学与科研需要，是设备更新过程中不可忽视的环节。教师和研究人员作为设备的直接使用者，最了解教学和科研中对设备的实际需求。通过建立有效的反馈机制，学校可以收集第一手的设备需求信息，确保采购的设备能够真正满足教学和科研的需要，从而提高设备的使用效率。此外，教师和研究人员的参与也能促进设备更新过程的透明化和民主化，增强师生对设备管理的认同感和参与感，为学校的长远发展奠定坚实的基础。

(二)资源的有效维护与管理

在高等教育管理学科建设中，资源的有效维护与管理至关重要。资源的有效维护与管理不仅关乎资源的使用寿命，还直接影响学科建设的质量。建立资源管理的标准操作流程是确保资源使用规范性与高效性的关键。通过系统化的流程，资源的使用和维护可以达到最佳状态，避免操作不当导致的资源浪费或损坏。此外，标准操作流程的建立有助于新进人员快速掌握资源管理的要领，从而减少人为因素造成的资源管理问题。

定期开展资源使用情况的评估与审计是资源管理中不可或缺的一环。通过科学的评估与审计，可以及时发现资源管理中的问题，并采取相应措施加以解决。这种机制不仅能够确保资源的合理使用，还能为资源的更新与维护提供数据支持。评估与审计的结果可以作为资源配置调整的重要依据，确保资源能够适应高等教育管理学科发展的需要，避免资源的闲置和浪费。

实施资源管理信息系统是提高资源管理透明度与效率的有效手段。通过信息化手段，高等教育管理者可以实时监控资源的使用状态，及时发现潜在问题并进行调整。这种信息化系统不仅提高了管理效率，也增强了资源管理的透明度，使资源的使用和管理过程更加公开、公正。此外，信息系统的使用还可以减少人工管理的误差，提高资源管理的精确性。

制定资源维护的责任制度，明确各部门在资源管理与维护中的职责与权限，是确保资源管理有序进行的基础。通过明确的责任分工，各部门可以在资源管理中各司其职，形成合力，避免责任不清导致的管理混乱。责任制度的建立还可以提高资源管理的积极性，促使各部门主动发现和解决资源管理中的问题，提升资源管理的整体水平。

四、物质资源的共享与利用

(一)校际资源共享机制的建立

通过建立校际资源共享平台，高校之间能够实现资源信息的交流与合作，这不仅有助于优化资源的使用效率，还能促进高等教育管理学科建设的整体提升。在这个过程中，平台的功能设计需要充分考虑到各高校的实际需求，确保信息的准确传递和资源的有效分配。此外，平台的使用应当便捷且具备高效的管理功能，以便于各校在资源共享过程中能够快速响应和调整，从而实现资源的最大化利用。

制定校际资源共享协议是保障资源共享顺利进行的基础。协议中应明确各校在资源共享过程中的权利与义务，以确保各方在合作中的利益得到保障。这种协议不仅需要法律的约束力，还应具备一定的灵活性，以适应不同资源类型和共享形式的变化。通过协议的制定，各高校能够在一个明确的框架内进行资源共享，减少权责不清导致的纠纷，从而促进合作的长久和稳定。

开展校际资源共享的培训与宣传活动，能够提高师生对资源共享机制的认知与参与度。通过系统化的培训，师生可以更好地理解资源共享的意义和操作流程，从而积极参与到共享活动中来。宣传活动则可以通过多种渠道进行，如校园讲座、宣传手册、线上平台等，使资源共享的理念深入人心。这不仅能够提高资源共享的参与度，还能够在校园内形成一种资源节约与合作共享的良好氛围。

建立共享资源的评价与反馈机制是优化资源配置与管理的重要环节。通过定期评估共享效果,各高校能够及时发现资源共享过程中存在的问题,并进行相应的调整和优化。评价机制需要涵盖资源使用的各个方面,包括资源的使用频率、使用效果、用户满意度等。反馈机制则应当是开放的,鼓励各方提出改进建议,以形成良性循环,不断提升资源共享的效率和效果。

(二)产学研合作中的资源整合

在高等教育管理学科建设中,产学研合作中的资源整合是提升学科竞争力和创新能力的重要途径。通过建立产学研合作的资源共享平台,高校、企业与研究机构之间的信息交流与资源整合得以加强。这不仅提高了合作效率,也促进了成果的快速转化。资源共享平台的建立,打破了传统的资源壁垒,使各方能够在一个开放的环境中进行深度合作,最大限度地利用现有资源,实现资源的优化配置。这种整合机制不仅有助于提升高等教育管理学科的整体实力,也为相关学科的跨界合作提供了新的契机。

要想推动产学研合作项目的顺利实施与创新发展,制定有效的资金支持机制是关键。通过鼓励企业与高校共同投入资源,形成多元化的资金来源,能够有效降低单一主体的资金压力,同时也增加了项目的可行性与创新性。资金支持机制的建立,提供了稳定的财务保障,使各方能够更加专注于项目的研究与创新,从而推动高等教育管理学科在实践中的应用与发展。这种合作模式不仅提升了项目的实施效率,也为未来的合作奠定了坚实的基础。

定期开展产学研交流活动是促进各方在技术、人才和市场需求等方面深入沟通与合作的重要手段。通过这些活动,各方能够及时了解彼此的需求与优势,增强合作的针对性与有效性。交流活动为各方提供了一个开放的平台,促进了思想的碰撞与创新的产生。同时,这些活动也为高等教育管理学科的学生提供了宝贵的实践机会,使他们能够在真实的环境中锻炼自己的能力,提升实践能力与就业竞争力。

建立产学研合作的评估机制,定期评估合作项目的成果与影响,是提升整体合作效果的必要手段。通过评估,各方能够及时了解合作的进展与成效,发现问题并进行调整,以保证资源配置的合理性与合作策略的有效性。评估机制的存在,使合作项目能够在一个动态调整的过程中不断优化,确保高等教育管理学科建设的资源配置与合作策略始终处于最佳状态。这种动态评估不仅提升了合作项目的质量，也为未来的合作提供了重要的参考依据。

鼓励高校和企业共同开发人才培养方案，实现人才培养与市场需求的无缝对接，是提升学生实践能力与就业竞争力的有效途径。通过合作开发的培养方案，学生能够在学习过程中接触到行业的最新动态与需求，从而更好地适应市场变化。这种合作模式不仅提升了人才培养的质量，也为高等教育管理学科的发展提供了重要的人才支持，使学科建设能够始终保持与市场需求的高度一致。

（三）社会资源的引入与合作

通过建立社会资源合作网络，高校能够有效促进与企业、政府及非营利组织之间的互动与协作。这种合作不仅可以为高校提供多样化的资源支持，还能为社会各界提供一个参与高等教育发展的平台。高校与社会组织的合作，不仅能实现资源的互补与共享，还能在一定程度上推动高等教育管理学科建设的创新与发展。通过这种方式，高校可以更好地适应社会的发展需求，提升自身的综合竞争力。

建立社会资源合作网络的过程中，制定社会资源引入的标准与流程是确保资源整合高效性与规范性的关键。高校需要明确资源引入的具体标准，以便在选择合作伙伴时能够有据可依。同时，制定详细的流程，可以帮助高校在资源引入的过程中保持透明度和一致性，避免流程不明或标准不清导致的资源浪费或合作失败。通过建立一套科学合理的标准与流程，高校可以更好地进行资源的筛选与整合，确保引入的社会资源能够真正为高等教育管理学科建设服务。

为了提高社会各界对高校资源需求的认知与参与度，高校应积极开展社会资源共享的宣传活动。这些活动可以通过多种形式进行，如举办资源共享论坛、发布合作案例分析、开展开放日活动等。通过这些宣传活动，社会各界能够更清晰地了解高校在资源共享方面的需求和优势，从而激发他们参与合作的积极性。这种宣传不仅能提高社会资源的利用效率，还能增强高校在社会中的影响力和吸引力，为高等教育管理学科建设提供更广泛的支持。

建立社会资源使用的评估机制是确保资源配置与管理优化的必要手段。通过定期审查资源使用效果，高校可以及时发现资源配置中的问题，并进行相应的调整和优化。评估机制的建立，需要高校在资源使用的全过程中进行数据的收集与分析，以便为评估提供准确可靠的依据。通过评估机制的实施，高校能够更好地掌握资源的使用情况，提高资源的使用效率，进而推动高等教育管理学科建设的可持续发展。

第三节　财力资源配置与高等教育管理学科建设

一、财力资源在高等教育管理学科建设中的地位

(一)科研经费的保障作用

科研经费为高等教育机构提供了开展基础研究和应用研究的必要资金支持。没有充足的经费,许多科研活动将难以顺利进行,尤其是那些需要大量实验材料、先进设备和高效软件支持的项目。科研经费的充足与否直接影响到研究项目的启动和进展,从而决定了高等教育管理学科发展的方向和深度。

充足的科研经费不仅能促进研究项目的顺利开展,还能吸引和留住优秀的研究人员。优秀的研究人员是高等教育管理学科建设的核心力量,他们的加入能够提升学科的整体研究水平与竞争力。高水平的研究团队能够在国际学术界中占据一席之地,发表高质量的学术论文,参与国际学术交流,增强学科的国际影响力。此外,科研经费的合理配置能够促进多学科交叉研究,推动创新成果的转化与应用。这种跨学科的合作不仅能激发新的研究思路,还能将理论研究与实际应用紧密结合,产生更大的社会和经济效益。

科研经费的保障还体现在对实验室和研究中心的设备更新与维护上。现代化的实验设备和高效的研究环境是进行高水平科研工作的基础。科研经费的投入确保了实验室能够不断更新设备,保持技术的先进性和实验的高效性,从而为研究人员提供良好的工作条件。稳定的科研经费来源是高等教育机构提升学术声誉的重要保障。只有具备良好的科研条件和持续的经费支持,才能在国内外学术界树立良好的声誉,吸引更多的优秀学者和学生,最终提升学校的整体学术水平和社会影响力。

(二)教学经费的投入意义

教学经费的投入直接影响到课程开发与教学资源的更新,这不仅体现在教材的编写和修订上,还包括教学方法的现代化。现代化的课程开发需要不断地引入新的教学理念和技术,这些都需要充足的资金支持。教学资源的更新同样依赖于经费的投入,确保教育内容的前沿性和教学方法的科学性,以适应不断变化的社

会需求和学生的学习需求。

充足的教学经费还能够支持教师的专业发展与培训。教师是高等教育的核心，提升教师的教学能力和学科知识水平是确保教育质量的关键。通过提供充足的经费，学校可以组织各种形式的培训和进修活动，鼓励教师参与国内外学术交流，了解最新的教育研究成果和教学方法。这不仅有助于教师个人的发展，也对整个高等教育管理学科建设起到推动作用，从而提升学校的整体教学水平和学术影响力。

教学经费的合理分配在改善和维护教学设施方面也起到至关重要的作用。良好的教学设施是高质量教育的基础，直接关系到学生的学习体验和教育效果。通过合理的经费配置，学校可以不断改善教学环境，更新实验室设备，建设现代化的多媒体教室，为学生提供更好的学习条件。这种投入不仅提升了学校的硬件实力，也增强了学生的学习动力和兴趣。

稳定的教学经费投入可以有效地支持教育技术的应用与创新。随着信息技术的快速发展，教育技术在教学中的应用越来越广泛。通过资金的支持，学校可以引入先进的教学软件和平台，促进课堂互动性，增强学生的学习体验。教育技术的创新也为教学提供了更多可能性，使教学内容更加生动有趣，教学形式更加灵活多样，满足不同学生的学习需求。

(三)高等教育管理学科发展的资金需求分析

在高等教育管理学科建设中，财力资源的有效配置是推动学科发展的关键因素之一。学科发展的资金需求分析不仅涉及直接的经济投入，还需全面考虑各方面的需求，以确保学科的可持续发展。首先，学科发展所需的资金应涵盖基础设施建设与维护。这是因为现代化的教学和科研环境是高质量教育和创新研究的基础。无论是实验室设备的更新，还是教学楼的维护，资金的合理分配都至关重要。现代化的设施不仅能吸引优秀的师生资源，还能提高科研效率和教学质量，从而增强学科的竞争力。

此外，资金需求分析还应充分考虑科研项目的多样性。高等教育的核心在于研究与创新，而不同学科领域的研究需求各异，所需的资金支持也不尽相同。合理的资金配置能够支持各类科研项目的顺利开展，促进学术创新。这不仅有助于提升高等教育管理学科自身的发展水平，也能推动整个高等教育领域的进步。通过对资金需求的细致分析，高等教育管理者可以制定出更具针对性的资金分配策略，以支持多元化的科研活动和学术探索。

合理的资金配置还能够促进学科间的协作与交叉研究。现代学术研究越来越强调跨学科的合作,这种趋势要求在资金分配上具有前瞻性和灵活性。通过支持学科间的协作研究,能够整合各学科的优势资源,产生更具创新性的学术成果。这样的协作不仅提升了单一学科的学术水平,也有助于形成更为综合的研究网络和学术生态系统,从而提高整体学术成果的质量和影响力。

高等教育管理学科发展资金还需用于教师培训与发展。高质量的教育离不开优秀的教师队伍,而教师的专业发展需要持续的资金投入。通过定期的培训和发展计划,教师可以不断更新自己的知识储备和教学技能,从而提升教育质量和教学水平。此外,资金的投入还可以用于支持教师参与国际学术交流和合作研究,这对于提升学科的国际化水平和影响力具有重要意义。

二、财力资源的筹集渠道

(一)企业合作与社会捐赠

企业合作与社会捐赠在高等教育管理学科建设中扮演着至关重要的角色。企业合作为高等教育提供了丰富的实践资源,尤其是在增加学生的实习与就业机会方面,发挥了重要作用。这种合作不仅提升了学生的职业技能,还增强了他们在市场中的竞争力。高等教育机构通过与企业的紧密合作,能够为学生提供真实的工作环境,使其在理论知识与实际操作之间架起桥梁,从而培养出更具实践能力和创新意识的人才。这种合作模式也为企业提供了充足的人才储备,形成了双赢的局面。

社会捐赠是高等教育机构获取财力资源的另一重要渠道。通过社会捐赠,教育机构能够获得必要的资金支持,以推动科研项目开展、课程开发以及基础设施建设。这些资金支持不仅提升了高等教育管理学科的整体实力,还为教育机构的长期发展奠定了坚实的基础。社会捐赠的影响力不仅体现在资金方面,还在于其对教育机构声誉的提升和社会责任感的体现。许多捐赠者希望通过支持教育事业来回馈社会,这种良性循环为高等教育的可持续发展注入了新的动力。

企业与高等教育的合作模式呈现多样化趋势,包括联合研究、课程共建和人才培养等。这种多样化的合作模式促进了高等教育管理学科与行业的深度融合,使教育成果更能适应社会发展的需求。通过联合研究,企业和教育机构能够共同探索创新领域,推动技术进步和知识更新。课程共建使教育内容更贴近行业实际需求,培养出符合市场要求的人才。同时,人才培养合作也为学生提供了更多的职业选择和发展道路,增强了其在职场中的适应能力和竞争优势。

高等教育机构通过建立校企合作协议，能够明确双方的权利与义务，确保资源的有效利用与合作的顺利进行。这种协议不仅是合作的基础，也是双方信任的体现。通过明确的合作框架，双方能够在资源共享、利益分配和责任承担等方面达成共识，从而实现长期合作的目标。协议的签订也为合作的透明度和可持续性提供了保障，使双方在合作过程中能够更好地应对挑战和解决问题。

(二)学费收入与自筹资金

学费收入与自筹资金是高等教育机构财力资源的重要组成部分，对高等教育管理学科建设具有关键的支持作用。学费收入作为高等教育机构的主要资金来源之一，不仅为学科建设提供了稳定的财力支持，还在很大程度上影响着学校的财务健康和发展潜力。合理设计学费结构，不仅能够吸引更多学生入学，还能提升学校的整体收入水平。通过对学费收入的合理规划和使用，学校可以在满足基本运营需求的同时，为学科建设提供充足的资金支持。

自筹资金的多样化渠道是高等教育机构增强财力资源的重要途径。校友捐赠、企业赞助等方式，能够为高等教育管理学科建设提供额外的财力保障。这些资金渠道不仅丰富了学校的收入来源，还能促进校企合作，提升学校的社会影响力。校友捐赠作为一种长期稳定的资金来源，能够在一定程度上缓解学费收入波动带来的财务压力。同时，企业赞助也为学校提供了与社会资源紧密结合的机会，有助于提升学科的实践性和应用性。

学费收入的合理使用与透明管理，是赢得社会信任的重要因素。高等教育机构通过公开财务信息，能够增强社会对其资金使用的信任感，从而赢得更多的资金支持。透明的财务管理不仅有助于提高资金使用效率，还能为高等教育管理学科建设营造良好的外部环境。通过对学费收入的合理分配，学校能够在提高教育质量的同时，增强学生和家长对学校的信任和满意度，这也为进一步筹集资金奠定了良好的基础。

三、财力资源的分配与使用

(一)重点学科与项目的优先支持

在高等教育管理中，财力资源的有效分配与使用是提升学术水平和竞争力的关键。重点学科与项目的优先支持是资源配置的重要策略之一。优先支持具有较高学术影响力的学科,不仅能提升学校的整体学术声誉,还能增强其在国内外的竞争力。这种策略不仅为学术研究提供了坚实的基础,也为学校吸引更多优秀的师资和学生创造了条件。通过集中资源于这些学科,学校可以在国际学术舞台上占据更加有利的位置,从而推动整体教育质量的提升。

伴随全球化和经济一体化的发展,高等教育必须紧密结合国家和地方的经济发展需求。为此,优先支持与产业紧密结合的应用学科显得尤为重要。这不仅能促进学科与经济的协同发展,也能为地方经济注入新的活力。通过加强与产业的合作,学校可以培养出更多符合市场需求的创新型人才,为区域经济发展提供智力支持。同时,这种策略也有助于学校拓宽资金来源,增强其可持续发展的能力。

在学术研究中,创新是推动进步的动力。因此,重点支持具备创新潜力的研究项目是提升科研能力的有效途径。通过对这些项目的优先支持,学校可以在学术前沿领域取得突破性进展。这不仅能增强学校的科研能力,还能为社会发展提供新技术和新理论。通过对创新研究项目的支持,学校可以在学术界树立良好的声誉,并吸引更多的优秀研究人员加入,从而形成良性循环,持续推动高等教育管理学科建设的发展。

随着科技的迅猛发展,新兴学科的崛起为高等教育带来了新的机遇与挑战。根据学校的战略发展规划,优先配置资源于新兴学科,确保其快速成长和发展,是应对未来挑战的重要举措。通过对新兴学科的支持,学校可以抢占学术制高点,为未来的发展奠定基础。新兴学科的成长不仅能为学校带来新的发展动力,还能为学生提供更多的学习和研究机会,培养出更多具有创新能力的人才。

(二)日常教学与运行经费的安排

在高等教育管理学科建设中,日常教学与运行经费的安排是保证学科可持续发展的基础。日常教学经费的预算编制需要根据各学科的实际需求与发展规划进行,确保资源的合理分配与使用。这不仅涉及对现有资源的有效利用,还需要考虑未来发展的潜在需求。合理的经费预算编制能够为学科提供稳定的财力支持,避免经费不足导致的教学活动受阻,从而保障教学质量的持续提升。

为提升教学质量和教师的教学能力,设立专项经费用于教师的教学培训与专业发展是十分必要的。这些专项资金可以用于组织教师参加国内外的学术交流、教学研讨会以及专业培训课程,帮助他们掌握最新的教育理论和实践方法。通过持续的专业发展,教师能够不断更新教学理念,提高教学水平,从而为学生提供更优质的教育服务。

建立日常经费使用的监督机制是确保经费使用透明度与合规性的关键。通过设立严格的监督审核流程，可以有效防止资源浪费，确保每一笔经费都用在刀刃上。监督机制的建立不仅能提高财务管理的透明度，还能增强财务管理人员的责任感和公信力，促进高等教育管理学科建设的健康发展。

（三）风险防范与资金监管

在高等教育管理学科建设中，风险防范与资金监管是确保资源有效配置的关键环节。高等教育机构需要建立全面的风险评估机制，定期识别和分析潜在的财务风险。这一机制的建立有助于提前发现可能影响学科建设的财务问题，从而及时采取应对措施，确保学科建设的稳步推进。通过对风险的有效识别，机构可以制定更具针对性的策略，优化资源配置，提升学科建设的效率和质量。

实施资金使用的动态监控系统是提升资金管理透明性与合规性的有效手段。该系统能够实时跟踪资金流向，确保每一笔资金的使用都在可控范围内，防止资金被不当使用或滥用。通过动态监控，高等教育管理者可以随时掌握资金使用的最新情况，及时调整资金分配策略，以适应高等教育管理学科建设的实际需求。这种实时监控不仅提高了资金使用的透明度，也增强了对资金流动的控制能力。

制定详细的资金使用审批流程是防范资金风险的重要措施。通过严格的审核程序，确保所有资金支出经过充分论证和批准，防止资金被不当使用或滥用。详细的审批流程不仅保证了资金使用的合规性，还为资金使用提供了清晰的指导方针，确保每一笔资金都能最大限度地服务于高等教育管理学科建设目标。严格的审批程序是资金安全和有效使用的保障。

建立财务审计制度是确保资源配置合理性和有效性的重要手段。定期进行独立审计，能够对资金使用情况进行全面评估，发现潜在问题并提出改进建议。通过审计，机构可以进一步优化资金使用策略，确保资源配置的科学性和合理性。审计制度不仅是对资金使用的监督，更是提升资金管理水平的重要工具，确保高等教育管理学科建设的资金支持到位。

四、财力资源的效益评估

（一）成本效益分析方法的应用

在高等教育管理学科建设中，财力资源的合理配置是确保学科建设取得成效的关键之一。成本效益分析方法作为一种重要的经济分析工具，在财力资源配置中得到了广泛的应用。通过对资源投入与产出的系统性评估，该方法能够帮助高等教育管理者在有限的资源条件下，找到最优的资源配置方案，从而最大化学科建设的效益。特别是在高等教育领域，成本效益分析不仅关注直接的经济收益，还考虑到教育质量提升、科研成果产出等多方面的效益。因此，熟练掌握并应用成本效益分析方法，对于推动高等教育管理学科的持续发展具有重要意义。

成本效益分析的基本概念包括对项目或活动的成本（投入）和效益（产出）的全面评估。其核心在于通过量化的方式，比较不同方案的投入与产出，以便做出最优决策。在高等教育管理中，该方法的重要性尤为突出，因为教育资源的稀缺性要求高等教育管理者在资源配置上做出更加精细化的决策。通过成本效益分析，高等教育管理者能够识别并优先支持那些能够带来最大化效益的学科建设项目，从而提高资金使用的效率和效益。此外，该分析方法还能为政府和教育机构提供科学的决策依据，确保公共教育资源的合理分配。

在科研项目资金分配过程中，成本效益分析方法的应用能够有效提升资金使用效率。通过对不同科研项目的成本和预期收益进行详细评估，高等教育管理者可以识别出那些在学术价值、社会影响以及经济回报方面具有较高潜力的项目，从而优先配置资金支持。例如，在某高校的科研项目资金分配中，通过成本效益分析，发现某些跨学科研究项目在短期内尽管投入较大，但其长期效益显著高于单一学科项目，因此获得了更高的资金支持。这种基于科学分析的决策过程，确保了科研资金的合理使用和高等教育管理学科建设的可持续发展。

教学资源的优化配置是高等教育管理中的一项重要任务。成本效益分析方法为此提供了科学的指导。通过对各类教学资源的使用成本和产生效益进行分析，高等教育管理者可以识别出资源配置中的薄弱环节，并制定相应的优化策略。例如，通过分析某课程的教学成本与学生学习效果，可以调整课程设置、优化师资配备和教学方法，以提高教学质量和学生满意度。此外，成本效益分析还可以帮助识别出资源浪费，从而提高整体教学资源的利用效率。这种策略不仅有助于提升教育质量，也能增强学校的竞争力。

在高等教育管理学科建设的投资决策中，成本效益分析方法能够提供重要的参考依据。通过对不同学科建设方案的成本和预期效益进行量化分析，决策者可以更为理性地进行投资选择。例如，在新兴学科与传统学科的资源分配中，成本效益分析可以揭示出新兴学科未来可能带来的高增长潜力，从而引导更多的资源投入。同时，该方法还能帮助识别出当前学科建设中的低效环节，及时调整投资方向，确保资金的高效使用。这种科学的决策方式，有助于提升学科建设的整体水平和社会影响力。

（二）资金使用效果的考核指标

资金使用效果的考核指标在高等教育管理学科建设中扮演着至关重要的角色。这些指标不仅仅是对财务资源配置的简单评估，更是对学科建设成效的全面审视。首先，资金使用的效率评估通过比较实际支出与预算的差异，深入分析资金的使用是否符合预期目标。这一过程不仅要求对资金流向的精确跟踪，还需结合学科建设的具体需求，确保资源的合理配置。通过这样的评估，高等教育管理者能够及时调整资金使用策略，最大化地提升资源配置的效益。

此外，资金使用的成果产出指标是衡量高等教育管理学科建设成效的重要标准之一。这些指标包括科研论文发表数量、项目完成情况及其对学科发展的贡献。通过对这些成果的量化分析，高等教育管理者可以清晰地了解资金投入在推动学术研究和学科发展中的实际效果。这不仅有助于验证资金使用的合理性和有效性，还能为未来的资源分配提供科学依据，确保学科建设的持续进步。

同时，资金使用对教学质量的影响评估也是一个不可忽视的方面。通过考察资金投入后学生学习成绩、满意度及教学反馈的变化，高等教育管理者可以评估资金在提升教育质量方面的实际效果。这一评估过程需要结合多维度的数据分析，以全面反映资金使用对教学的支持程度。这不仅有助于提升学生的学习体验，还能增强高等教育管理学科的吸引力和竞争力。

资金使用的可持续性分析是确保高等教育管理学科建设长远发展的关键。评估资金投入对长期学科发展和资源配置的支持程度，可以帮助高等教育管理者在规划未来的资源配置时，考虑到学科发展的长期需求。这种分析需要结合学科发展的战略目标和实际情况，确保资源的使用不仅能解决当前的问题，还能为未来的发展奠定坚实的基础。

第五章　高等教育管理学科建设的文化与环境营造

第一节　高等教育管理学科文化建设的重要性

一、高等教育管理学科文化对学科发展的引领作用

(一)明确高等教育管理学科发展方向

高等教育管理学科文化在学科发展中扮演着至关重要的角色。它不仅为学科发展提供了共同的价值观和使命,还激励着学科成员朝着一致的目标努力。通过明确学科的发展方向,学科文化能够帮助确定研究的重点和优先领域,从而实现资源的合理配置和有效利用。这种明确性使学科成员能够专注于关键领域的研究,提升整体学术水平。此外,学科文化的传播能够增强学科的社会影响力,吸引更多的优质人才加入。这种吸引力不仅仅是基于学术声誉,更是由于学科文化所传递的共同价值观和使命,这些都为学科的持续发展提供了动力。

高等教育管理学科文化不仅在本学科内部产生影响,它还促进了跨学科的交流与合作,推动了学科的创新与发展。在当今复杂的学术环境中,单一学科的研究往往无法解决复杂的社会问题。因此,跨学科的合作变得尤为重要。学科文化通过建立开放、包容的氛围,鼓励不同学科之间的交流与合作。这种合作不仅能够带来新的研究视角,还能催生新的研究领域和学术成果,从而推动学科的整体进步。

建立积极的学科文化氛围对于增强学科成员的归属感和参与感也具有重要意义。在一个充满活力和支持的学科文化中,成员更愿意参与学科的各项活动,并为学科的发展贡献自己的力量。这种归属感和参与感不仅提高了学科成员的满意度和工作效率,还增强了学科的凝聚力和向心力。通过积极的学科文化建设,学科内部的合作和沟通更加顺畅,学科成员之间的信任和理解也得以加强,为学科的长期发展奠定了坚实的基础。

(二)凝聚高等教育管理学科成员共识

高等教育管理学科的文化核心在于凝聚学科成员的共识。凝聚共识不仅是学科发展的基础,也是推动学科持续进步的动力。通过建立共同的学科愿景,成员之间可以形成强烈的认同感和凝聚力。这种共同愿景不仅为学科的发展指明了方向,也为成员之间的合作奠定了基础。学科愿景的建立需要集体智慧的贡献,体现了成员间的共同价值观和目标追求。

定期的学术交流活动是增强高等教育管理学科成员互动与合作的重要手段。通过这些活动,成员可以分享各自的研究成果和经验,增进彼此之间的理解与信任。这种互动不仅有助于提高高等教育管理学科整体的研究水平,也有助于形成一个开放、包容的学术氛围。此外,学术交流活动还能激发新的研究思路,推动学科的创新与发展。通过频繁的交流,学科成员可以在合作中找到共同的兴趣点,从而进一步增强团队的协作能力。

制定明确的学科规范和标准对于提升高等教育管理学科的整体专业性至关重要。规范和标准的制定不仅有助于确保学科的研究质量,也为学科成员提供了明确的行为准则。这些规范和标准需要结合学科的具体特点和发展需求进行制定,并在实施过程中不断完善。通过规范的约束,学科成员能够在研究和教学活动中保持高水平的专业素养,进而提升学科的声誉和影响力。

(三)塑造高等教育管理学科独特形象

在高等教育管理学科的建设过程中,塑造学科的独特形象是至关重要的。这一过程首先需要明确的品牌定位,以便在学术界和社会中形成鲜明的识别度。品牌定位不仅仅是一个口号或标识,它是学科价值观、使命和愿景的综合体现。通过明确的品牌定位,学科可以在众多领域中脱颖而出,使学术界和公众能够清晰地感知和理解该学科的核心特性和优势。

为了提升高等教育管理学科在相关领域的声誉,优质的学术成果和广泛的影响力是不可或缺的。学科需要不断产出高质量的研究成果,这不仅有助于提升学科的学术地位,还能吸引更多的合作与支持。通过在国际期刊发表论文、参与国际学术会议以及与其他高校和研究机构的合作,学科可以扩大其在全球学术界的影响力。同时,这种学术声誉的提升也为学科吸引优秀的师资和学生提供了有力的支持。

多样化的传播渠道是推广高等教育管理学科特色与成就的重要工具。通过利用社交媒体、学术会议、行业展览及大众传媒等多种渠道，学科可以有效地向公众展示其研究成果和社会贡献。增强公众对学科的认知度，不仅能提升学科的社会影响力，还能吸引和创造更多的资源和机会。特别是在信息化时代，数字化传播手段的应用可以极大地提高学科信息的可达性和传播速度。

二、高等教育管理学科文化对学术创新的促进作用

（一）鼓励开放交流与合作

在高等教育管理学科建设中，鼓励开放交流与合作是促进学术创新的重要途径。开放交流不仅有助于打破学科壁垒，还能激发新的研究思路和方法。通过建立跨学科研究团队，不同领域的专家可以共享知识和技能，从而形成更具创新性的研究成果。跨学科合作不仅丰富了研究的深度和广度，还为解决复杂的社会问题提供了多元化的视角和方法。定期举办学术研讨会和交流活动是另一种促进学术创新的有效方式。通过这些活动，学科成员可以分享最新的研究进展，进行思想碰撞，激发新的研究灵感。这种面对面的交流为学者们提供了一个开放的环境，使他们能够自由地表达观点，讨论学术问题，并在互动中获得新的启示和思路。

创建开放的学术平台是支持学术交流的重要手段。这些平台不仅降低了学术交流的门槛，还为学者们提供了一个便捷的空间来进行在线讨论和资源共享。开放的学术平台可以促进知识的快速传播，使研究人员能够及时获取最新的研究信息和资源，从而加快研究进程。此外，这些平台还为高等教育管理学科成员提供了一个展示和分享研究成果的机会，增强了学术社区的凝聚力。通过这些平台，学者们可以更好地了解同行的研究动态，找到潜在的合作伙伴，形成更广泛的学术网络。

促进高等教育管理学科与行业之间的互动是推动应用型研究发展的重要手段。通过与行业的合作，学者们可以获得第一手的实践经验，从而提高研究的实际应用价值。行业的需求和问题为学术研究提供了新的研究课题和方向，而学术研究的成果则可以为行业的发展提供理论支持和创新解决方案。这种互动不仅有助于实现学术研究与实践应用的结合，还能推动学科的发展和创新。通过与行业的合作，学科成员可以更好地理解行业的需求和挑战，从而进行更有针对性的研究，推动应用型研究的发展。

(二)激发创新思维与灵感

在高等教育管理学科的建设过程中,学科文化的营造对于激发创新思维与灵感具有重要的促进作用。创新思维的激发往往依赖于一个开放且包容的环境。在这样的环境中,学科成员能够大胆尝试新方法和新思路,而不必过于担心失败的后果。通过鼓励试错,学科成员可以在研究中探索多种可能性,进而产生创造性解决方案。这种环境的建立需要高等教育管理者和学科带头人共同努力,以确保成员在研究过程中感受到支持和鼓励。

跨学科的创意工作坊是促进学术创新的重要方式之一。通过组织这样的活动,不同背景的学者能够在一个平台上共同探讨问题,分享各自领域的知识和经验。这种多元化的交流不仅能激发新的研究灵感,还能够在学科之间架起合作的桥梁,使创新的火花在碰撞中产生。跨学科的合作往往能够带来意想不到的研究成果,因此,在高等教育管理学科文化建设中,积极推动跨学科的交流与合作显得尤为重要。

多样化的评估标准是鼓励高等教育管理学科成员追求创新的另一关键因素。传统的评估标准往往侧重于研究的成功率和成果的数量,而忽视了创新过程中的探索和尝试。因此,引入多样化的评估标准,可以促使学科成员在研究过程中更加关注创新性,而非仅仅追求传统的成功模式。这种转变不仅能够激励成员在研究中追求突破,还能提升整个学科的创新能力和竞争力。

建立学术支持网络是为高等教育管理学科成员提供资源和指导的重要途径。在探索新领域时,研究人员常常面临资源匮乏和经验不足的挑战。通过建立一个强大的学术支持网络,成员可以获得必要的资源和指导,从而在创新的道路上走得更远。这样的网络不仅包括校内的资源共享和经验交流,还应包括与外部学术机构和专家的联系与合作,以拓宽学者的视野和思维。

(三)培养批判精神与探索勇气

学科文化在高等教育管理中的重要性,尤其体现在其对学术创新的促进作用上。培养批判精神与探索勇气是学科文化建设的核心任务之一。通过鼓励学科成员质疑与反思,培养他们对现有理论和实践的批判性思维,可以有效推动学术进步。质疑是创新的起点,通过不断反思与批判,学术界才能突破传统的束缚,开辟新的研究领域。批判精神不仅是对已有理论的挑战,更是对研究方法和实践的重新审视。学科文化应当鼓励这种质疑精神，从而激发学术界的创新潜力。

营造一个包容的学术环境是支持多样化思维的重要条件。这样的环境允许学科成员在研究中表达不同观点，促进多元化的思维方式。包容性不仅体现在对不同观点的接纳，还包括对失败的包容和理解。学术研究本质上是探索未知的过程，允许失败并从中学习是增强探索精神的关键。通过支持多元化的思维方式，学科文化能够推动成员在研究中进行大胆假设和探索。这种包容的文化氛围不仅能促进学术进步，还能增强成员的创新能力和信心。

定期组织批判性思维训练活动是提升高等教育管理学科成员研究能力的有效途径。这些活动帮助成员掌握分析和评估信息的技能，提升其研究能力。批判性思维训练不仅是对思维能力的锻炼，更是对成员综合素质的提升。通过系统的训练，成员能够更好地分析复杂问题，提出创新性的解决方案。此外，批判性思维训练还能增强成员的自信心，使他们在学术研究中更加主动和积极。通过这种系统化的训练，学科文化能够为学术创新提供坚实的基础。

三、高等教育管理学科文化对人才培养的影响

（一）塑造学生的学术价值观

学科文化在高等教育管理中扮演着至关重要的角色，它不仅是学术环境的基石，还直接影响着学生的学术价值观的形成。通过精心的课程设计，学生能够在学习过程中逐步树立科学探索的价值观。课程内容的安排强调研究的严谨性和实证性，这种教育方法能够引导学生在学术研究中追求真理，保持批判性思维，并且在面对复杂问题时能够进行深度分析和独立思考。学术价值观的塑造不仅是对知识的传授，更是对学生科学精神的培养，使其在未来的研究生涯中能够坚持求真务实的态度。

在高等教育管理学科文化建设中，培养学生的伦理意识同样至关重要。通过系统的伦理课程和学术诚信教育，学生能够认识到尊重知识产权和维护学术诚信的重要性。这样的教育不仅能培养学生的道德观念，还能在学术研究中形成良好的行为习惯，确保其在未来的学术生涯中不触碰学术不端的红线。此外，鼓励学生积极参与学术活动，如学术研讨会、学术竞赛等，不仅能增强其对学术社区的归属感和责任感，还能为其提供一个展示和交流的平台，从而促进其学术能力的提升和视野的开拓。

导师指导和榜样示范在塑造学生的学术价值观过程中起着不可或缺的作用。导师通过一对一的指导，能够帮助学生明确学术追求的方向，并在具体研究过程中提供专业的建议和支持。同时，导师作为学术榜样，其自身的学术态度和行为准则对学生具有潜移默化的影响。通过观察和模仿优秀的学术榜样，学生能够更好地理解并践行学术追求的价值观，从而在未来的学术道路上走得更稳、更远。

倡导跨学科的学习方式是现代高等教育管理学科文化建设的一大趋势。这种学习方式不仅鼓励学生打破传统学科界限，进行多角度、多层次的思考，还能培养其综合思维能力和创新意识。在跨学科的学习过程中，学生能够接触到不同领域的知识和方法，从而在解决复杂问题时能够综合运用多种学科的优势和资源。这种能力的培养不仅符合当今社会对复合型人才的需求，也为学生未来的职业发展提供了更广阔的空间。通过跨学科学习，学生能够更好地适应快速变化的社会环境，成为具有创新能力和全球视野的高素质人才。

（二）培养学生的学术素养与道德

在全球化的知识经济时代，学生不仅需要掌握专业知识，还需具备分析和评估不同观点的批判性思维能力。通过系统的教育和训练，学生能够在多元化的学术环境中，深入探索学术研究的深度和广度。批判性思维能力的培养，使学生能够客观分析各种学术观点，提升其在学术研究中的创新能力和独立思考能力。这种能力不仅对个人的学术发展至关重要，也为未来的职业生涯奠定了坚实的基础。

项目式学习作为一种创新的教学方式，能够有效提升学生的综合运用知识的能力。通过参与实际项目，学生在真实情景中探索和解决问题，培养其主动探究的精神和实践能力。这种学习方式不仅有助于巩固所学知识，还能锻炼学生的组织能力、沟通能力和团队合作能力。在项目过程中，学生需要整合多学科的知识，进行跨领域的思考和应用，从而提升其创新能力和适应能力。这种能力的培养，对于学生未来在复杂多变的社会环境中取得成功至关重要。

学术诚信是学术研究的基石，强调其重要性是培养学生良好学术道德的关键。教育学生在研究过程中遵循道德规范，不仅是对学术传统的尊重，也是对学术声誉的维护。通过明确的学术诚信教育，学生能够树立正确的学术态度，避免学术不端行为的发生。良好的学术声誉不仅反映在个人的学术成就中，也影响整个学术共同体的健康发展。通过对学术诚信的重视，学生能够在学术生涯中保持诚实和负责的态度，为学术领域的进步贡献力量。

提供多样化的学术活动和实践机会，是锻炼学生学术素养与道德判断能力的重要途径。在真实的学术环境中，学生通过参与各种学术活动，能够将理论知识应用于实践，增强其学术素养和道德判断能力。这些活动不仅包括学术研讨会、讲座和工作坊，还涉及实际的研究项目和社会服务。通过这些实践，学生能够在具体情境中体验学术研究的挑战和乐趣，提升其解决问题的能力和社会责任感。这种多样化的学习经历，为学生的全面发展提供了广阔的平台。

(三)提升学生的学科认同感与归属感

提升学生的学科认同感与归属感在高等教育管理学科建设中具有重要意义。学科认同感不仅影响学生的学习态度和学术表现，还对他们的职业发展和个人成长产生深远影响。通过组织学术研讨会和主题讲座，学生能够更深入地了解学科的前沿动态和研究方向，增强对学科的参与感。这些活动不仅是知识的交流平台，更是学生感受到自己是学术社区一部分的重要途径。参与学术活动使学生能够与同行和专家交流，拓宽视野，激发对学科的热情和兴趣，从而增强其学科认同感。

建立高等教育管理学科社群和兴趣小组是促进学生之间交流与合作的重要方式。通过这些平台，学生可以分享学习经验，探讨学术问题，形成互助学习的良好氛围。在小组活动中，学生能够感受到集体的力量和团队合作的价值，这不仅增强了他们的归属感，也提升了他们在高等教育管理学科领域的自信心。此外，社群和小组的建立为学生提供了一个展示自我和锻炼能力的舞台，有助于他们在学术和社交上取得更大的进步。

鼓励学生参与学科相关的社会服务和实践活动，是增强学科认同和责任感的有效途径。这些活动让学生有机会将理论知识应用于实际问题，深化对高等教育管理学科的理解，同时培养他们的社会责任感和实践能力。通过参与社会服务，学生不仅能够提升自身的综合素质，还能感受到学科对社会发展的贡献，从而增强对学科的认同感和使命感。这种认同和责任感将激励他们在学术道路上不断前行，追求卓越。

导师的指导与支持在学生学科认同感的建立过程中起着关键作用。通过与导师的互动，学生能够获得个性化的学术指导和情感支持，这有助于他们克服学习中的困难，增强学术自信心。导师不仅是学术上的引路人，也是学生人生道路上的良师益友。通过导师的言传身教，学生能够更好地理解高等教育管理学科的价值和意义，增强对学科的情感联系，从而在学术追求中更加坚定和自信。

四、高等教育管理学科文化对社会服务的推动作用

(一)增强高等教育管理学科的社会影响力

高等教育管理学科文化的建设不仅是学术发展的核心,更是其社会影响力的基础。高等教育管理学科通过多种途径增强其在社会中的影响力,首先需要依托于与社会的紧密联系。通过开展社会调研与服务项目,学科能够在实际中检验理论的有效性,提升在解决社会问题方面的贡献与影响力。这不仅有助于学科自身的发展,还能反哺社会,形成良性循环。与地方政府和企业的合作是实现学科研究成果转化的重要途径,能够将理论应用于实际,提供切实可行的政策建议,提升学科的应用价值。这种合作不仅推动了学科的发展,也为地方经济和社会发展提供了智力支持。

为了进一步提高高等教育管理学科的社会影响力,组织学术讲座和公众活动成为必不可少的手段。这些活动不仅是学科知识的传播平台,更是公众与学科互动的桥梁。通过这些活动,公众能够更深入地了解学科的研究内容和成果,提升对学科的认知与理解。这种认知的提升不仅增强了学科的社会影响力,也为学科的发展提供了更广泛的社会支持。建立学科专家库是增强学科在社会治理和决策中话语权的重要方式。通过专家库,学科可以为社会提供专业的咨询和支持,直接参与到社会治理的过程中。这种参与不仅提升了学科的社会责任感,也增强了其在社会中的地位和影响力。

推动学科成员参与志愿服务和社会实践是增强高等教育管理学科与社会联系的重要途径。通过这些活动,学科成员不仅能够将理论应用于实践,还能在实践中发现新的研究问题,推动学科的发展。这种参与不仅提升了学科成员的社会责任感,也改善了学科的公众形象。通过积极参与社会服务,学科能够更好地融入社会,增强与社会的联系,为学科的长远发展奠定坚实的基础。这些努力不仅提升了学科的社会影响力,也为学科的发展创造了良好的社会环境。

(二)促进高等教育管理学科与社会需求的对接

学科文化在高等教育管理中的一个重要作用是促进高等教育管理学科与社会需求的对接。为了实现这一目标,建立学科与行业的定期沟通机制至关重要。通过这种机制,学科能够及时获取社会需求的最新动态,从而调整研究方向,确保

学科的发展与社会实际需求保持一致。这种动态对接不仅有助于学科的持续发展，也为社会提供了更为精准的智力支持。此外，鼓励学科成员积极参与社会调研，通过收集和分析社会需求数据，能够更好地指导学科研究的重点和方向。这样的调研活动不仅加深了学科成员对社会问题的理解，也为学科研究提供了丰富的实践素材，进而提升了学科的理论深度和应用广度。

为了进一步推动高等教育管理学科与社会需求的紧密结合，开发实践导向的课程体系是必不可少的。将社会需求融入课程内容，能够有效提升学生的实际应用能力与就业竞争力。这种课程设计不仅使学生在校期间就能接触到真实的社会问题，还能通过案例分析等教学方法，培养学生解决实际问题的能力。实践导向的课程体系更加强调理论与实践的结合，使学生在毕业后能够迅速适应社会需求，为社会发展作出贡献。同时，构建校企合作平台也是促进学科与社会需求对接的重要途径。通过校企合作，学科研究成果能够更快地转化为实际应用，增强学科在解决社会实际问题中的作用。这种合作不仅提升了学科的社会影响力，也为企业提供了创新的解决方案，形成了双赢的局面。

组织社会服务项目，鼓励学科成员将研究成果应用于社会实践，是提升学科成员社会责任感与高等教育管理学科影响力的重要手段。通过参与社会服务项目，学科成员能够将理论研究与社会实践相结合，验证研究成果的实际应用价值。这种实践活动不仅增强了学科成员的社会责任感，也提高了学科在社会中的知名度和影响力。学科文化通过这种方式，能够更好地服务于社会，同时也为自身发展积累了宝贵的经验和资源。

（三）树立良好的高等教育管理学科社会形象

通过积极参与社会公益活动，高等教育管理学科可以展示其在促进社会发展中的积极角色。这不仅增强了公众对学科的认同感，也为学科的发展营造了良好的社会氛围。高等教育管理学科在社会公益活动中的参与，不仅仅是履行社会责任，更是通过实际行动展示学科价值和影响力的途径。这种参与可以多种形式展开，例如，组织学生和教师参与社区服务项目、开展教育普及活动等。通过这些活动，学科的社会形象将会不断得到提升。

建立学科品牌形象是进一步提升高等教育管理学科社会知名度的重要策略。利用社交媒体和公共平台推广学科的研究成果与社会贡献，不仅可以扩大受众覆盖面，还能使学科的社会影响力得到更广泛的认可。在数字化时代，社交媒体已成为信息传播的重要渠道，高等教育管理学科可以通过发布学术研究的最新进展、分享成功案例及社会贡献，吸引公众的关注和参与。同时，建立和维护一个良好的学科品牌形象也需要持续的努力和投入，通过不断的创新和进步，确保学科形象与时俱进。

与行业领军企业合作，开展应用研究项目，是展示高等教育管理学科解决实际问题的能力的有效途径。通过这样的合作，学科不仅可以获得更多实践经验，还能在解决实际问题的过程中展示自身的专业性和创新能力。行业合作项目通常涉及具体的社会或经济问题，高等教育管理学科通过研究和提供解决方案，树立起其在专业领域的权威形象。同时，这种合作还可以为学科带来更多的资源和机会，推动学科的进一步发展。

定期发布社会影响报告，是增强高等教育管理学科透明度与公众信任的关键措施。通过这些报告，学科可以展示其研究对社会发展的具体贡献，向公众传达学科在社会进步中的角色和作用。社会影响报告不仅是对学科工作的总结和展示，也是一种自我反思和改进的过程。通过报告，学科可以识别自身不足和改进方向，从而在未来的发展中更具针对性和有效性。

五、高等教育管理学科文化在国际交流中的地位

(一)展示高等教育管理学科特色与优势

高等教育管理学科在国际交流中扮演着重要角色，其特色与优势的展示不仅是学科自身发展的需要，更是提升国际声誉和影响力的关键。高等教育管理学科以培养领导力和管理能力为核心，强调理论与实践的结合，塑造出一批具有全球视野和创新思维的教育管理人才。这一学科通过多样化的课程设计，将管理理论与实际应用紧密结合，为学生提供了丰富的学习资源和实践机会，使其在复杂的教育环境中具备卓越的领导能力和决策能力。

高等教育管理学科内丰富的跨学科研究资源，为学科的国际交流提供了多元视角和创新思路。通过整合教育学、管理学、心理学等多学科的研究成果，该学科能够在国际平台上展示其独特的研究方法和创新成果，促进不同国家和地区间的教育管理经验交流。这种跨学科的研究不仅推动了高等教育管理学科的学术进步，也为全球教育治理提供了新思路和新方法。

高等教育管理学科对社会问题的敏感性，使其能够在国际交流中及时响应全球教育发展的新动态，并制定有效的解决方案。这一学科的研究者和从业者具备

敏锐的洞察力和快速反应能力，能够针对全球化背景下出现的教育挑战，提出具有前瞻性和可操作性的政策建议。这种能力不仅增强了学科在国际学术界的影响力，也提升了其在全球教育政策制定中的话语权。

高等教育管理学科的实践导向课程设计是其在国际交流中展示优势的重要方面。通过实践导向的教学模式，学生不仅能掌握扎实的理论知识，还能提升实际操作能力和就业竞争力。高等教育管理学科注重培养学生的实践能力，使其能够在国际化的教育环境中灵活应对各种挑战。这种实践导向的教育模式不仅受到国际学术界的广泛认可，也为学科在国际交流中赢得了良好的声誉。

（二）促进国际学术合作与竞争

促进国际学术合作与竞争是高等教育管理学科文化建设的重要组成部分。通过建立国际学术联盟，高等教育管理领域能够实现知识的广泛分享与合作研究。这种联盟不仅有助于打破地域和文化的限制，还能为学者提供一个多元化的交流平台，激发创新思维。此外，国际学术联盟的建立能够促进各国在高等教育管理领域的经验交流，推动该学科的整体发展。通过联盟，学者们可以更好地了解不同国家的教育管理实践，从而丰富自身的研究视角，提升学术研究的深度和广度。

组织国际会议和研讨会是促进国际学术交流的另一重要途径。这些会议和研讨会为全球学者提供了一个分享研究成果和探讨前沿问题的平台。通过面对面的交流和讨论，学者们可以更深入地理解彼此的研究，发现新的合作机会。此外，国际会议和研讨会还能帮助学者们了解全球高等教育管理领域的最新动态和趋势，进而启发新的研究方向和思路。这种国际化的学术交流不仅提升了高等教育管理学科的国际影响力，也促进了全球教育管理问题的解决。

推动跨国研究项目是提升研究成果全球适用性的有效方式。通过结合不同国家的经验与实践，研究项目能够获得更为全面和多样化的数据支持，从而提升其研究结论的普遍性和适用性。跨国研究项目还能够促进不同国家学者之间的密切合作，增进彼此的理解与信任。这种合作不仅有助于解决高等教育管理领域的复杂问题，也为高等教育管理学科的发展提供了新的动力和方向。

鼓励学科成员参与国际期刊的编辑与审稿是提升高等教育管理学科国际影响力的重要措施。通过参与国际期刊的编辑工作，学者们能够更好地了解国际学术界的研究标准和趋势，从而提升自身的研究水平。此外，作为审稿人，学者们可以接触到最新的研究成果，了解学科发展的前沿动态。通过这些活动，学科成员能够提升其在国际学术界的影响力和认可度，进一步推动学科的国际化发展。

(三)传播高等教育管理学科文化与价值观念

在全球化背景下，高等教育管理学科的文化传播与价值观念的交流显得尤为重要。通过国际学术会议展示高等教育管理学科的研究成果与实践经验，可以有效增强该学科在全球学术界的影响力。这不仅促进了国际学术对话，还推动了不同国家和地区在高等教育管理领域的合作与创新。国际学术会议为学者们提供了一个交流平台，使他们能够分享最新的研究进展和实践经验，从而推动学科的发展和进步。

社交媒体平台的兴起为传播学科的核心价值观和研究主题提供了新的途径。通过这些平台，高等教育管理学科可以吸引更多的关注与参与，特别是年轻一代的学者和学生。利用社交媒体的广泛覆盖面和即时性，学科可以更有效地传达其核心价值观，如学术自由、教育公平和社会责任等。这种传播方式不仅扩大了学科的影响范围，还促进了多元文化的理解和交流，推动了全球学术界的多样性与包容性。

高质量的学术宣传材料在高等教育管理学科文化传播中扮演着重要角色。这些材料应明确传达学科的使命、愿景和社会责任，从而提升公众对学科的认知。通过精心设计的宣传册、视频和在线内容，学科可以向公众展示其在解决高等教育管理问题方面的独特贡献。这不仅有助于提高学科的社会认知度，还能吸引更多的资源和支持，推动学科的持续发展和创新。

第二节　高等教育管理学科建设的环境优化

一、社会环境对高等教育管理学科建设的影响

(一)社会需求与高等教育管理学科发展的关联

高等教育管理学科作为一个不断发展的领域，其课程设置必须紧密围绕社会需求进行调整。这种紧密的关联确保了教育内容能够与实际需求相匹配，使学生在毕业后能够迅速适应社会和经济发展的变化。社会需求不仅影响课程内容，还驱动着学科的整体发展方向。通过对社会需求的深入分析，高等教育管理学科可

以识别出经济和社会发展的新趋势,并据此调整自身的研究重点和方向。这种动态的调整机制使学科能够保持其前沿性和适应性,为社会的持续进步作出贡献。

高等教育管理学科的课程设置受到社会需求的强烈驱动。为了确保教育内容与实际需求相匹配,学科建设者必须对社会的变化趋势进行持续观察和分析。课程设置的调整不仅涉及新知识的引入,还包括教学方法和评估方式的创新。这种动态的课程调整机制使学科能够培养出符合市场需求的专业人才。通过紧密跟踪社会需求的变化,课程设计者可以确保学生在毕业时具备必要的技能和知识,以应对实际工作中的挑战。这种与社会需求的紧密结合,不仅提升了学科的实际应用价值,也增强了其在社会中的影响力。

高等教育管理学科通过积极响应社会需求,提升了其实际应用价值。社会需求的变化为学科的发展提供了新的动力和方向。通过对社会需求的响应,学科不仅可以在理论上进行创新,还能够在实践中发挥更大的作用。高等教育管理学科通过这种方式,增强了其在社会中的影响力。学科的研究成果和教育内容能够直接服务于社会的发展需求,使学科在社会中占据重要地位。通过这种良性互动,高等教育管理学科不仅提升了自身的价值,也为社会的进步提供了坚实的学术支持。

社会需求的变化是高等教育管理学科调整研究重点的重要驱动力。为了更好地服务于经济和社会的发展,学科必须对研究重点进行动态调整。这种调整不仅是对外部环境变化的被动反应,更是学科主动适应和引领变化的表现。通过对社会需求的敏锐观察和分析,学科可以识别出新的研究领域和方向。这种动态的调整机制使学科能够保持其活力和竞争力。在这种背景下,高等教育管理学科的研究成果能够更好地应用于实际,推动社会的进步和发展。

在人才培养过程中,高等教育管理学科始终关注社会需求。通过这种关注,学科能够培养出具备实践能力和解决实际问题能力的人才。社会需求的变化为人才培养提供了新的目标和方向。高等教育管理学科通过课程设置、教学方法和实践环节的创新,确保学生能够在毕业后迅速适应社会需求的变化。这种以社会需求为导向的人才培养模式,不仅提升了学生的就业能力,也增强了学科在社会中的影响力。通过培养具备实践能力的人才,高等教育管理学科为社会的发展提供了重要的人力资源支持。

(二)社会舆论与高等教育管理学科声誉的塑造

社会舆论不仅是公众对学科的直接反馈,也是学科在社会中地位的体现。社会舆论积极与否,能够直接影响高等教育管理学科的招生和人才引进的质量与数量。积极的社会舆论可以为学科带来良好的声誉，从而吸引优秀的学生和高水平的教师。此外，社会舆论的正面影响还体现在学科的公众认知度上，增强学科在学术界和社会中的地位。通过积极的舆论引导，学科可以在公众心目中树立起良好的形象，进而实现可持续发展。

社会舆论对高等教育管理学科声誉的影响是多方面的，它不仅关系到学科的内部发展，也对外部资源的获取产生重要作用。一个学科的声誉可以通过媒体的正面报道和学术成果的展示来塑造。媒体在此过程中充当了桥梁的角色，通过对学术成果的宣传和社会服务的展示，学科可以增强社会信任，赢得公众的支持。媒体的报道不仅能够提升学科的知名度，还能在一定程度上影响学术界的评价。因此，学科在媒体上的形象塑造，需要通过精心策划的宣传策略和积极主动的社会服务来实现，以此来增强其在公众心中的信任度和认可度。

（三）社会资源对高等教育管理学科建设的投入

社会资源对学科建设的投入是高等教育管理学科发展的重要保障。社会资源的投入不仅体现为资金的支持，还包括智力、技术和人力资源的贡献。设立奖学金和助学金，可以吸引更多优秀学生选择高等教育管理学科。这种方式不仅提升了学科的整体素质和竞争力，还为学生提供了经济上的支持，减轻了他们的负担，使他们能够专注于学术研究和专业发展。

企业和行业的赞助是社会资源投入的另一重要形式。企业和行业的赞助不仅为高等教育管理学科的科研项目和实践活动提供了资金支持，还促进了学科与实际应用的结合。通过与企业的合作，学科能够获得最新的行业动态和技术支持，提升科研水平和实践能力。这种合作关系不仅有助于培养学生的实践能力，还能为企业输送高素质的人才，实现双赢。

社会组织和非政府机构的合作为高等教育管理学科提供了广阔的实践平台。通过与这些组织的合作，学科能够增强其社会服务能力和影响力。这种合作不仅为学生提供了实践机会，还能帮助他们在真实的社会环境中应用所学知识，提升解决实际问题的能力。此外，社会组织的参与还能为学科带来新的视角和资源，促进学科的多样化发展。

建立校友网络是社会资源投入的重要方式之一。通过鼓励校友为高等教育管理学科提供资源和支持，学科能够形成良性循环，推动其持续发展。校友作为学科的直接受益者，往往愿意为学科的发展贡献力量。他们不仅可以提供资金支持，还能通过分享经验和资源，为在校学生提供指导和帮助，促进学科的传承和创新。

二、校园环境对高等教育管理学科建设的促进

(一)校园文化氛围的营造

营造浓厚的校园文化氛围对于高等教育管理学科的建设至关重要。校园文化不仅是学术活动的背景,更是学科发展的动力源泉。通过营造开放包容的学术交流环境,师生之间的思想碰撞与创新讨论得以激发,从而推动学科的不断进步。在这种环境下,师生们能够自由表达观点,分享研究成果,这不仅促进了学术思想的多元化发展,也为学科的创新提供了沃土。通过丰富多样的学术活动,如讲座、研讨会和论坛,学科的学术氛围和参与感得以提升。这些活动不仅是知识传播的途径,更是学术共同体成员之间沟通与合作的桥梁。

为了支持学生的自主学习和团队合作,建立以学生为中心的学习空间显得尤为重要。这些空间提供了丰富的资源和平台,学生可以在这里进行独立研究、团队项目研究以及跨学科的交流与合作。通过这样的环境,学生不仅能够获得更广泛的知识和技能,还能在与他人的合作中培养团队精神和领导能力。此外,鼓励跨学科的交流与合作也是高等教育管理学科建设的重要组成部分。不同学科之间的知识共享与合作研究,不仅拓宽了学科的研究视野,也促进了新的研究领域的开拓和发展。

塑造积极向上的校园文化,激励学科成员共同追求卓越,是形成良好学术风气的基础。积极的校园文化能够激发学生和教师的内在动力,使他们在学术研究中不断追求更高的目标。在这种文化氛围中,学科成员不仅关注个人的学术成就,更注重学科整体的发展和进步。通过共同的努力和追求,学科成员之间形成了深厚的学术情感和合作关系,这种关系不仅促进了高等教育管理学科的长远发展,也为校园文化的持续繁荣奠定了坚实的基础。

(二)学校管理体制的改革与创新

学校管理体制的改革与创新在高等教育管理学科建设中扮演着至关重要的角色。通过实施以绩效为导向的管理机制,学校能够激励教师和研究人员在教学和科研中追求卓越。这种机制不仅提升了个人和团队的工作积极性,还促进了学术成果的产出和质量的提升。绩效导向的管理机制强调成果导向,通过量化的指标评估教师和研究人员的贡献,从而提供更为精确的激励措施。这种方法在国内

外高等教育管理实践中得到了广泛应用，成为推动学科建设的重要手段。

实施扁平化管理结构是学校管理体制改革的另一重要方面。通过减少管理层级，学校可以显著提高决策效率与响应速度。这种管理结构的优势在于能够快速响应教育领域的变化与需求，确保高等教育管理学科建设的灵活性与适应性。扁平化管理还促进了信息的快速流通，减少了信息在层级间的损耗，使学校管理层能够更好地掌握学科建设的动态，及时做出调整。这种结构在一些成功的高等教育机构中已被实践，证明了其在提升管理效率方面的有效性。

推动跨部门协作是学校管理体制创新的关键措施之一。通过鼓励不同学科之间的资源共享与合作研究，学校能够提升整体学科建设的协同效应。这种协作不仅能够打破学科间的壁垒，促进知识的交叉融合，还能在学科建设中形成合力，共同应对复杂的教育挑战。跨部门协作的实践在国际高等教育管理中已有诸多成功案例，通过联合研究项目和资源共享平台，学校能够实现更高水平的学科建设。

引入数据驱动的决策支持系统是现代学校管理体制改革的重要方向。通过数据分析，学校可以优化资源配置和学科发展策略，确保高等教育管理学科建设的科学性与前瞻性。数据驱动的决策支持系统能够提供精准的预测和分析，使学校管理层在学科建设中具备更强的决策依据。这种系统的应用在一些领先的高等教育机构中已经取得了显著成效，为学科建设提供了坚实的技术支撑。

（三）校园基础设施与服务的保障

校园基础设施与服务的保障是高等教育管理学科建设的重要组成部分。现代化的学习空间是这一保障的核心，通过提供充足的设备和学习资源，能够有效支持学生的自主学习和小组讨论。这些现代化设施不仅包括教室和实验室的物理空间，还涵盖了智能化的技术设备和学习资源。通过灵活的空间设计和设备配置，学生能够在一个开放且互动的环境中进行学习，从而激发创造力和创新思维。

完善的信息技术基础设施是支持高等教育管理学科建设的另一关键因素。高速网络和可靠的信息系统是在线学习和学术研究的基础。通过建设先进的网络设施，确保师生在任何时间、任何地点都能访问所需的学习资源和研究数据，极大提升了教学和研究的效率。此外，信息技术的进步还促进了跨学科的合作和国际交流，为学术研究提供了更广阔的视野。

在高等教育环境中，专业的学术支持服务同样不可或缺。图书馆资源的丰富性、数据分析工具的先进性及研究咨询的专业性，都在不同程度上帮助学生和教师提升研究能力。通过提供这些服务,学校不仅支持了学术研究的深入开展,也培养了学生的批判性思维和研究能力,为其未来的职业发展奠定了坚实的基础。

三、学术环境对高等教育管理学科建设的作用

(一)学术交流平台的搭建

通过建立定期的学术研讨会,学科成员可以分享知识和交流经验,这不仅能提升个体研究能力,还能促进整个学科的集体进步。研讨会提供了一个面对面互动的机会,让参与者能够在开放的环境中深入探讨学术问题,形成新的研究思路和合作项目。这样的交流活动不仅有助于巩固学术网络,还能激发学者们的创新思维,为高等教育管理学科的持续发展注入活力。

此外,搭建线上学术交流平台是现代学术环境优化的重要手段之一。这些平台支持远程讨论与资源共享,降低了学术交流的物理和经济门槛,使更多学者能够参与其中。线上平台不仅可以打破地理限制,还可以实现跨时区的实时互动,极大地扩展了学术交流的广度与深度。通过线上平台,学者们可以方便地获取最新的研究成果和动态,及时调整自己的研究方向,保持与国际前沿的同步。

组织跨学科的合作研究项目是学术环境优化的另一关键措施。不同领域的专家通过合作可以产生交叉学科的创新成果,推动学科间的互动与融合。跨学科研究项目不仅能拓宽研究视野,还能借鉴其他学科的理论和方法,提升研究的深度和广度。这种合作形式有助于打破学科壁垒,促进知识的流动和共享,为解决复杂的学术问题提供新的思路和方法。

创建学术成果展示会则是提升高等教育管理学科可见性与影响力的重要途径。通过展示会,学科成员可以展示自己的研究成果,获得同行的认可与反馈。这不仅有助于提升研究者的学术知名度,还能增强学科在学术界的影响力。展示会提供了一个平台,让学者们可以相互学习,了解最新的研究趋势和技术,促进学术界的良性竞争和共同进步。

(二)学术评价体系的完善

在高等教育管理学科建设中,学术评价体系的完善是至关重要的环节。一个健全的学术评价体系,不仅能够有效衡量学科成员的学术贡献,还能促进整个学科的可持续发展。为此,建立多元化的学术评价标准显得尤为重要。这些标准应

涵盖研究质量、创新性和社会影响等多个维度，从而全面反映学科成员的学术贡献。通过这样的多维度评价，能够更准确地识别和鼓励真正具有学术价值的研究成果，进而推动学科的整体进步。

在完善学术评价体系的过程中，引入同行评审机制是必不可少的。同行评审能够确保学术成果的评价过程透明、公正，从而增强学术界的信任与合作。这一机制不仅提高了学术评价的公正性，还为学术界创造了一个良好的互动平台，促进了学者之间的交流与合作。同行评审也为学术界提供了一种自我监督的方式，确保学术研究的高水准和高质量。

制定明确的学术成果转化指标也是评价体系完善的重要组成部分。这些指标鼓励学科成员将研究成果应用于实际问题的解决，从而提升高等教育管理学科的社会服务能力。在当今社会，学术研究的价值不仅体现在理论创新上，更在于其实际应用。因此，明确的成果转化指标能够有效引导学科成员关注研究的实际应用价值，进而提高学科在社会中的影响力和贡献度。

为了激励学科成员追求卓越与创新，建立学术评价与激励相结合的机制是一个有效的策略。这一机制通过对高水平研究的奖励，鼓励学科成员不断追求更高的学术成就和创新。激励机制的引入，不仅能够提高学科成员的研究积极性，还能在学科内部形成一种良性竞争的氛围，推动整个学科的创新与发展。

（三）学术规范与学风建设

学术规范与学风建设在高等教育管理学科的建设中扮演着重要角色。通过建立明确的学术规范，能够确保研究过程的严谨性和透明度，从而提升学术成果的可信度。这不仅是对学术研究的基本要求，也是对学科成员的责任和期望。学术规范的建立需要各级学者的共同努力，以保证研究活动的科学性和公正性，从而为学科的长远发展奠定坚实的基础。

推广学术诚信教育是维护健康学术环境的关键措施之一。通过增强高等教育管理学科成员对抄袭、剽窃等不当行为的认识，能够有效遏制这些行为对学术声誉的损害。学术诚信教育不仅仅是对学生的要求，也包括对教师和研究人员的持续教育。这种教育有助于形成一个以诚信为核心的学术文化，使每个成员都能自觉维护学术环境的纯净。

鼓励学术交流与合作是提升研究水平和学术影响力的重要途径。通过促进成员之间的相互学习和支持，高等教育管理学科建设可以实现更高的学术成果产出。学术交流不仅应开展于校内，还应拓展到国际平台，以吸收多元文化的学术思想。合作研究项目的开展能够集思广益，汇聚不同领域的专家智慧，从而推动学科的创新和发展。

第三节　高等教育管理学科文化建设的策略与实践

一、高等教育管理学科文化的内涵挖掘与传承

(一)梳理高等教育管理学科发展历史与传统

通过对高等教育管理学科发展历史与传统的梳理，我们可以更好地理解其创立背景与初衷。高等教育管理学科的创立不仅是为了满足教育体系内部管理的需求，还旨在提升教育质量和管理效率。该学科在教育体系中的重要性体现在其为教育政策制定、教育改革实施以及教育质量评估提供了理论支持和实践指导。通过对学科发展历程的深入研究，我们可以探讨其在教育体系中的功能定位，为未来的发展提供历史借鉴。

高等教育管理学科的发展历程中，多个关键里程碑标志着其成长与成熟。重要的学术会议、研究成果和政策推动在学科发展中扮演了重要角色。这些里程碑不仅促进了学科内部的学术交流，还推动了学科的国际化进程。通过对这些关键事件的分析，我们可以看到学科在理论创新和实践应用方面的不断进步。学术会议为学者提供了交流的平台，研究成果则为学科的发展奠定了坚实的基础，而政策的推动则为学科的应用提供了广阔的空间。

在高等教育管理学科的发展过程中，形成了多个主要理论流派，这些流派的形成与发展对学科建设产生了深远影响。不同流派在研究方法、理论框架和应用领域上各具特色，共同丰富了学科的理论体系。通过分析这些理论流派，我们可以更好地理解学科的多样性和复杂性。流派之间的互动与竞争不仅推动了学术创新，也促进了学科的整体发展。通过对这些流派的研究，我们可以为学科的未来发展提供多元化的视角和思路。

高等教育管理学科在不同历史阶段的学术贡献与实践应用，充分反映了其在教育改革中的角色。无论是在教育政策的制定，还是在教育管理实践的指导上，该学科都发挥了重要作用。通过对不同时期学术贡献的梳理，我们可以看到学科在教育改革中的积极参与和贡献。学科的实践应用不仅提升了高等教育管理的

科学性和有效性，也为教育改革提供了理论支持和实践经验。

(二)提炼高等教育管理学科核心价值与精神

高等教育管理学科的核心价值与精神是其发展的基石。首先，该学科强调教育公平与机会均等的核心价值，致力于为所有学生提供平等的学习和发展机会。这一价值观不仅体现在政策制定上，也在教学实践中得到贯彻。通过制度设计和资源分配的优化，确保每位学生无论其背景如何，都能获得公平的教育机会。这种强调公平的理念不仅符合现代教育发展的趋势，也为高等教育管理学科的发展提供了坚实的伦理基础。

高等教育管理学科倡导以学生为中心的教育理念，强调在教学和管理中关注学生的需求与反馈，促进其全面发展。这种理念要求高等教育管理者在政策制定和实施中始终以学生的成长和发展为出发点。在实际操作中，这意味着要建立一个以学生为主体的教育环境，鼓励学生参与学习和管理的各个环节。通过这种方式，学生不仅是教育的接受者，更是教育的参与者和建设者，从而实现其全面发展。

高等教育管理学科重视实践与理论的结合，鼓励将研究成果应用于实际高等教育管理中，以解决现实问题。这一特征使该学科在理论研究与实践应用间搭建起桥梁，推动教育管理的不断创新。在学科建设中，强调理论与实践的紧密结合，不仅有助于提升教育管理的实际效果，也为学科的发展提供了丰富的实践案例和研究素材。这种理论与实践的互动关系，使高等教育管理学科在面对复杂教育问题时，能够提供更为有效的解决方案。

高等教育管理学科强调跨学科合作的重要性，通过整合不同领域的知识与资源，推动高等教育管理的创新与发展。在现代社会，单一学科的视角往往难以应对复杂的教育管理问题。因此，跨学科合作成为一种必然选择。通过与其他学科的合作，教育管理能够吸收不同领域的先进理念和技术，推动自身的创新与发展。这种跨学科的合作不仅提升了学科的研究水平，也为教育管理实践提供了更多的解决路径。

(三)传承优秀高等教育管理学科文化基因

在高等教育管理学科的建设过程中，传承优秀学科文化基因是至关重要的。学科文化不仅是学科发展的精神支柱，也是其创新与变革的源泉。通过深入挖掘并传承这些文化基因,可以帮助学科在快速变化的教育环境中保持稳定与活力。强调教育公平与机会均等的价值观是学科文化中不可或缺的一部分。确保所有学生享有平等的学习与发展机会,不仅是教育的基本原则,也是社会公平的体现。通过制度设计和政策支持,消除教育中的不平等现象,为每一位学生提供公平的成长环境,是传承优秀学科文化的重要举措。

倡导以学生为中心的教育理念,是高等教育管理学科文化传承中的另一核心要素。教育的最终目标是促进学生的全面发展,因此,关注学生需求与反馈,成为教育高等教育管理者和教育工作者的重要职责。这种以学生为中心的教育理念,不仅要求教师在教学过程中关注学生的个体差异,还需要教育机构在课程设计和教学方法上进行创新,以满足多样化的学习需求。这种理念的贯彻,有助于培养学生的自主学习能力和创新思维,使其在未来的社会中具备更强的适应能力。

重视理论与实践结合,是高等教育管理学科文化传承的又一重要方面。学科的发展离不开理论的指导,但仅有理论是不够的,必须将研究成果应用于实际问题的解决中。通过理论与实践的结合,高等教育管理者可以更好地理解教育现象,制定出更具针对性和实效性的管理策略。这种结合不仅提升了学科的实践价值,也为高等教育管理的创新提供了源源不断的动力。

跨学科合作的重要性在当代高等教育管理学科建设中愈发显著。通过整合不同领域的知识与资源,学科能够推动高等教育管理的创新与发展。跨学科合作不仅有助于丰富学科的理论体系,还能为解决复杂的教育管理问题提供多元化的视角和方法。这种合作模式的推广,不仅提升了高等教育管理学科的综合实力,也为培养具备多学科背景的教育管理人才创造了条件。

二、高等教育管理学科文化的创新与发展

(一)适应时代需求的文化创新

学科文化的创新与发展在学科适应时代需求的过程中扮演着关键角色。高等教育管理学科需要不断推动文化创新,以应对快速变化的社会和技术环境。推动学科文化的数字化转型是当务之急,利用在线平台和社交媒体可以显著增强学术交流与合作。这种数字化的策略不仅提升了学科的可见性和影响力,还促进了全球学术界之间的互动与合作。通过数字化转型,学科可以更好地适应现代信息社会的需求,吸引更多的学术人才和资源。

推动学科文化的数字化转型不仅仅是促进学科技术手段的升级，更重要的是通过这种转型提升高等教育管理学科的整体发展水平。在线平台和社交媒体的广泛应用，使学术交流不再受制于地域限制，全球高等教育管理领域的专家和学者可以通过这些平台分享经验与最佳实践。这种国际化的视野拓展，不仅有助于学科成员开阔眼界，也为学科的创新发展提供了新的思路和方向。通过参与全球教育管理网络，学科成员可以更深入地了解国际教育管理的趋势和挑战，进而在本地化实践中进行有效应用。

倡导以数据驱动的决策文化也是学科文化创新的重要方面。在大数据时代，利用数据分析提升教育管理的科学性与有效性已成为必然趋势。通过大数据分析，高等教育管理学科可以更精准地进行决策，优化教育资源配置，提升教育质量和效果。这种数据驱动的文化不仅提高了学科的决策水平，也为学科的创新发展提供了强有力的支持。数据分析的结果可以为学科文化建设提供新的视角和方法，推动学科在科学性和创新性上的双重提升。

强调可持续发展的学科文化，是为了关注高等教育管理对社会、经济和环境的综合影响。在全球可持续发展目标的指引下，高等教育管理学科需要培养具备社会责任感的教育管理人才。这种文化强调教育管理不仅是学术和行政的事务，更是对社会未来负责任的事业。通过可持续发展的文化建设，学科可以更好地服务于社会，促进教育管理人才的全面发展，进而推动社会的可持续进步。

(二)跨学科文化的融合与借鉴

跨学科文化的融合与借鉴在高等教育管理学科建设中扮演着重要角色。通过将不同学科的文化元素相结合，高等教育管理理论得以多元化发展。这种多元化不仅体现在理论的创新上，还在于实践应用的丰富性。跨学科合作能够从不同的学科视角出发，提出新的研究问题和解决方案，从而推动高等教育管理学科的创新。通过借鉴其他学科的研究方法和工具，高等教育管理学科可以引入新的分析框架与数据处理技术。这种借鉴为教育管理研究提供了更为广阔的视野和更多元的技术手段，使研究结果更具说服力和应用价值。

在跨学科文化的融合过程中，课程设计的创新尤为关键。通过跨学科的课程设计，学生能够在学习过程中综合运用多领域的知识，以解决高等教育管理中的实际问题。这种课程设计不仅提升了学生的综合素质，也提高了他们在复杂环境中解决问题的能力。跨学科课程的设置要求高等教育管理学科与其他学科进行深度合作，打破传统学科界限，从而培养出具备创新能力和跨领域思维的教育管理人才。

建立跨学科的研究平台是促进学科间知识共享与资源整合的重要途径。这样的研究平台可以汇聚来自不同学科的专家学者，形成一个多元化的研究团队。在这样的团队中，知识的交流与碰撞会产生新的研究灵感和创新思路，从而提升研究的广度与深度。跨学科研究平台不仅为学者提供了合作与交流的机会，也为高等教育管理学科的学术发展提供了新的动力。

三、高等教育管理学科文化建设的组织与管理

(一)建立高等教育管理学科文化建设领导机构

建立学科文化建设领导机构是高等教育管理学科建设中的重要环节。一个有效的领导机构能够为学科文化建设提供明确的方向和目标，使其在复杂的学术环境中保持一致性和前瞻性。设立专门的委员会是实现这一目标的关键步骤。该委员会负责制定和实施学科文化建设的战略和计划，确保每项举措都能有效推动学科文化的形成与发展。通过制订科学合理的计划，领导机构可以在资源配置和政策制定中占据主导地位，从而为学科文化建设提供有力支持。

明确领导机构的职责与权限是确保其有效运作的基础。领导机构在资源分配和政策制定中应具有主导地位，以便在高等教育管理学科文化建设过程中能够迅速响应变化并调整策略。设立定期评估机制是领导机构的另一重要职责。通过持续监测学科文化建设的进展与效果，领导机构可以及时发现问题并调整战略，确保学科文化建设的各项工作能够稳步推进。此外，定期评估机制的建立还可以为学科文化建设提供持续的反馈和改进建议。

促进学科成员的参与是高等教育管理学科文化建设成功的关键。通过领导机构的引导和组织，学科文化建设目标能够得到学科成员更广泛的认同和支持。领导机构应鼓励学科成员积极参与文化建设的各个环节，从而增强集体的凝聚力和向心力。通过组织研讨会等各类学术活动和文化交流，领导机构可以有效激发学科成员的积极性和创造力，推动学科文化的深度发展和创新。这种广泛的参与不仅有助于提升学科成员的归属感，还能为学科文化建设注入新的活力和动力。

(二)制定高等教育管理学科文化建设规划与方案

通过制定明确的高等教育管理学科文化建设目标，可以确保各项活动与学科

发展愿景一致，形成系统性推进机制。在这个过程中，首先需要对学科的核心价值观进行深入分析，并将其融入文化建设的各个方面。制定规划时，应充分考虑国内外高等教育管理学科的历史背景和发展趋势，结合本学科的具体情况，确定长远的建设方向和阶段性目标。通过系统化的规划，可以有效地引导学科文化建设的各项活动，使其更具有方向性和一致性，从而促进学科的整体发展。

建立多元化的学科文化活动体系是高等教育管理学科文化建设的重要策略之一。通过开展丰富多样的学术交流、文化节、讲座等活动，可以增强学科成员的参与感与归属感。这些活动不仅可以促进学科成员之间的交流与合作，还能为他们提供展示自我和提升能力的平台。在活动的组织过程中，应注重活动内容的多样性和创新性，以满足不同学科成员的需求。同时，对比参考国内外的经验，结合本学科的特点，设计出具有特色的文化活动，使其成为学科文化建设的亮点。通过这些多元化的活动体系，可以有效地提升学科的凝聚力和影响力。

设计学科文化评估指标并定期对文化建设效果进行评估与反馈，是确保高等教育管理学科文化建设质量的重要手段。通过科学合理的评估指标，可以对文化建设的各个方面进行全面的分析和评价，及时发现问题并进行调整和优化。这一过程不仅有助于提高学科文化建设的效率，还能为未来的文化建设提供有价值的参考。在评估过程中，应充分考虑国内外差异，结合本学科的实际情况，设计出切实可行的评估方案。通过定期的评估与反馈，可以不断完善学科文化建设的实施方案，确保其能够与时俱进，持续发展。

鼓励学科成员参与文化建设的决策与实施过程，是提升其对高等教育管理学科文化认同感与责任感的有效途径。在文化建设的过程中，学科成员不仅是活动的参与者，更是建设的主体。通过让他们参与到文化建设的各个环节，可以增强其对学科文化的认同感和责任感。在决策过程中，应充分听取学科成员的意见和建议，尊重他们的想法，并给予他们更多的自主权和参与机会。通过这种方式，可以激发学科成员的积极性和创造性，使其在文化建设中发挥更大的作用。

(三)加强高等教育管理学科文化建设过程的监督与评估

在高等教育管理学科建设中，加强文化建设过程的监督与评估是确保学科文化建设取得实效的重要环节。建立定期评估机制，可以为学科文化建设的各项活动提供及时的反馈，便于相应策略和方向的调整。通过系统化的评估，高等教育管理者能够更精准地把握文化建设的进程，确保每一阶段的目标得以实现。评估机制的有效性在于其能够反映出文化建设的实际效果，为高等教育管理者提供科学的依据,以便在必要时进行策略调整,确保文化建设的持续推进。

制定清晰的评估标准是文化建设评估工作的基础。评估标准应涵盖多个维度,包括参与度、满意度和文化认同感等,以全面反映文化建设的成效。参与度评估可以揭示学科成员对文化建设活动的投入程度,而满意度评估则可以反映出成员对活动效果的感受。文化认同感的评估则是确保文化建设能够真正内化于学科成员心中的重要指标。通过多维度的评估标准,高等教育管理者能够全面掌握文化建设的现状,为后续的文化建设提供方向指导。

在文化建设过程中,鼓励学科成员参与评估过程是增强文化建设透明度和参与感的有效途径。通过问卷调查和座谈会等形式,收集学科成员的意见,不仅可以丰富评估的视角,还能够提高成员对文化建设的认同感和积极性。成员的参与不仅是对文化建设工作的支持,也为评估工作提供了第一手的资料,帮助高等教育管理者更好地了解文化建设的实际效果和存在的问题。

四、高等教育管理学科文化建设的活动载体

(一)举办学术讲座与研讨会

学术讲座与研讨会是高等教育管理学科文化建设的重要活动之一。这些活动不仅提供了一个分享知识和交流思想的平台,还在很大程度上促进了学科成员的学术视野拓展。在这些活动中,邀请领域内的专家分享前沿研究成果与实践经验,使学科成员能够及时了解最新的发展动态和研究方向。这种直接的知识传递方式,不仅有助于个人学术水平的提升,也为整个学科的发展注入了新的活力。

通过研讨会的形式,高等教育管理学科内部的知识共享得到了极大的促进。研讨会为学科成员之间的互动与合作提供了机会,激发了创新思维的碰撞。不同背景和研究方向的学者在此进行思想的交流与激荡,往往能够产生出新的研究课题和合作项目。这种跨学科的合作和交流,不仅丰富了学科的研究内容,也增强了学科的整体竞争力和影响力。

定期举办学术活动是建立高等教育管理学科文化传播平台的重要举措。通过这些活动,学科成员之间的凝聚力和归属感得以增强。在这些活动中,学科的价值观和发展目标得以传播和强化,使学科成员在共同的文化氛围中工作和成长。此外,这些活动也为新成员的融入提供了良好的契机,使他们能够迅速了解学科的文化和传统,增强对学科的认同感。

组织主题明确的讲座与研讨会，针对当前高等教育管理的热点问题进行深入探讨，是促进学术成果转化与应用的有效途径。在这些活动中，学科成员能够结合理论与实践，对实际问题进行分析和解决。这不仅提高了学术活动的实用性，也为高等教育管理学科的社会服务能力提供了展示平台，进一步提升了学科在社会中的影响力。

（二）开展高等教育管理学科竞赛与实践活动

在高等教育管理学科的建设过程中，开展学科竞赛与实践活动是增强学生实践能力和创新思维的重要途径。通过组织主题竞赛，学生能够在团队合作中解决实际教育管理问题，从而提升其在真实情景中运用理论知识的能力。这样的竞赛不仅激励学生深入思考和创新，还为他们提供了一个展示和交流的平台，使他们能够在竞争中学习，在实践中成长。这些活动的设计应注重多样化，以满足不同学生的需求，确保每一位参与者都能从中受益。

设立学术实践活动，如实习和社会服务项目，是将理论知识转化为实践能力的关键步骤。这些活动为学生提供了一个接触实际工作的机会，使他们能够在真实环境中应用所学知识，进而增强其职业素养和社会责任感。通过与实际工作的接触，学生不仅能够更好地理解高等教育管理的复杂性，还能提高其解决实际问题的能力。这种实践学习模式有助于培养学生的批判性思维和创新能力，为其未来的职业发展奠定坚实的基础。

举办跨学科的创新挑战赛是促进不同学科之间合作的有效方式。这样的活动鼓励学生跨越学科界限，共同探索高等教育管理领域的新方法和新思路。通过跨学科的合作，学生能够从不同角度审视问题，拓宽其思维视野，激发创新潜力。这种合作不仅有助于培养学生的团队合作精神，还能促进学科间的知识交流和融合，为高等教育管理学科的发展注入新的活力。

（三）组织文化节庆与社团活动

组织文化节庆与社团活动在高等教育管理学科的文化建设中扮演着重要角色。这些活动不仅是展示学科研究成果和特色的平台，还能增强师生的归属感与参与感。通过举办高等教育管理学科文化节，师生可以展示各自的研究项目、教学创新以及学科特色，促进不同学科之间的交流与合作。这种活动形式有助于构建一个充满活力的学术社区，使参与者在体验中感受到学科的独特魅力与价值，进而提升对学科的认同感与自豪感。

开展高等教育管理学科相关的社团活动也是一种有效的文化建设方式。这些活动鼓励学生自主组织，提升其领导能力和团队合作精神。在社团活动中，学生可以根据自己的兴趣和专业方向，策划并实施一系列学术与非学术活动，如专题研讨会、社会实践活动等。这不仅能提高学生的组织能力和创新思维，还能促进学生之间的沟通与协作，为他们未来的职业生涯奠定坚实的基础。

第六章　高等教育管理学科的信息化建设

第一节　信息化建设的背景与意义

一、信息化对高等教育管理的推动作用

(一)提升管理效率与决策科学性

信息化在高等教育管理中的应用显著提升了管理效率与决策的科学性。信息化系统的集成化管理有效地提升了各部门间的协作效率,减少了信息孤岛现象的发生。在传统的管理模式下,各部门之间的信息往往是割裂的,导致资源浪费和管理效率低下。而通过信息化手段,各部门可以在同一平台上共享数据,进行无缝沟通和协作,从而提高了整体的运作效率。

实时数据分析工具的引入,使高等教育管理者能够快速获取关键信息,从而优化资源配置与决策过程。这些工具能够对大量数据进行快速处理和分析,提取出有价值的信息,为高等教育管理者提供有力的支持。在资源配置上,高等教育管理者可以根据实时数据进行动态调整,确保资源的最优使用。同时,决策过程也因此变得更加科学和合理,减少了决策失误的可能性。

智能化决策支持系统是信息化建设的重要组成部分,它能够通过数据挖掘提供科学的预测分析,辅助高等教育管理者做出更明智的决策。这些系统利用先进的算法和模型,对历史数据进行深入分析,预测未来可能的发展趋势和风险。高等教育管理者可以根据这些预测,提前制定应对策略,提高决策的前瞻性和准确性。

信息化建设的另一个重要贡献在于促进了教育管理流程的标准化与规范化。信息化手段极大地提高了管理操作的透明度和可追溯性。所有的管理流程都可以在信息系统中得到清晰的记录和跟踪,任何变动都可以被及时察觉和纠正。这种透明度不仅提高了管理的效率,也增强了各方对管理行为的信任和支持。

(二)促进教育资源的优化配置

信息化在高等教育管理中扮演着至关重要的角色,特别是在促进教育资源的

优化配置方面。信息化系统通过数据整合，能够实现教育资源的全面可视化。这种可视化不仅帮助高等教育管理者快速识别资源分配中的不足与冗余，还为决策提供了可靠的依据。通过全面的数据分析，高等教育管理者可以清晰地看到资源的流动和使用情况，从而在资源配置上做出更为科学的决策。这种基于数据的管理方式，显著提升了教育资源的使用效率，使资源能够更加精准地满足实际需求。

基于大数据分析的技术手段，教育机构能够更好地预测各类资源的需求变化。这种预测能力为资源的优化配置提供了坚实的基础。通过对历史数据和趋势的分析，高等教育管理者可以提前调整资源的分配策略，确保在资源需求高峰期能够及时响应。这种前瞻性的管理方式，不仅提高了资源的利用率，还减少了资源不足或过剩带来的困扰和浪费。大数据分析的应用，使教育资源的管理更加智能化和高效化。

智能化调度系统的引入，使教学资源的使用情况能够被实时监控。通过这种系统，高等教育管理者可以确保资源在最需要的地方得到有效利用。这种实时监控不仅使资源的调配更加灵活，也提高了资源的响应速度。在资源使用过程中，智能化调度系统能够根据实际情况进行动态调整，确保资源分配的合理性和有效性。这种实时的资源管理方式，极大地提升了教育管理的效率和质量。

信息化建设还推动了资源共享平台的建立，促进了各类教育资源的跨部门流通与共享。通过这些平台，教育资源的利用率得到了显著提升。资源共享不仅打破了传统的资源壁垒，也促进了教育资源的最大化利用。各部门之间的资源流通，不仅提高了资源的使用效率，也增强了教育机构的整体竞争力。这种资源共享的模式，为教育管理提供了新的思路和方法。

(三)增强教育服务的质量与个性化

信息化在高等教育管理中的应用极大地提升了教育服务的质量与个性化。通过信息化手段，教育机构能够为学生设计个性化的学习方案，这种设计基于学生的兴趣和能力，帮助他们选择最适合的课程和学习方式。这种个性化的学习方案不仅满足了学生的个体需求，还激发了他们的学习动力和潜能。信息化手段的应用，使教育服务不再是单一的模式，而是能够根据学生的不同需求进行灵活调整，从而提高教育服务的整体质量。

智能推荐系统的引入是信息化推动教育个性化的另一重要表现。通过这些系统，学生可以获得量身定制的学习资源和辅导。这种定制化的学习资源能够帮助学生更有效地掌握知识，提高学习效果和满意度。智能推荐系统根据学生的学习进度、兴趣和能力进行分析，为他们提供最适合的学习材料和建议。这种个性化的学习支持不仅提高了学生的学习效率，还增强了他们的学习体验。

信息化平台提供的实时学习反馈机制也在提升教育服务的个性化方面发挥了重要作用。学生可以通过这些平台及时获得关于自己学习情况的反馈，从而调整学习策略。这种实时反馈提高了学习的针对性和有效性，使学生能够更好地掌握学习内容。信息化平台的反馈机制不仅帮助学生了解自己的学习进展，还为教师提供了学生学习动态的实时数据，便于他们进行教学调整。

在线学习社区的建立是信息化建设的另一亮点，它促进了学生之间的互动与合作。通过这些社区，学生能够分享学习经验、解决学习问题，从而提升学习体验与社交支持。在线学习社区为学生提供了一个开放的交流平台，促进了知识的共享和合作学习。这种互动不仅增强了学生的学习兴趣，还培养了他们的协作能力和团队精神。

二、信息化在高等教育管理学科建设中的地位与价值

（一）为高等教育管理学科研究提供数据支持与技术手段

在高等教育管理学科的信息化建设中，数据支持与技术手段的提供是至关重要的。数据挖掘技术的应用使研究者能够深入分析和理解学生的行为模式，这为高等教育管理决策提供了重要的参考依据。通过对大量数据的挖掘和分析，高等教育管理者可以识别出学生学习过程中存在的问题，进而采取有针对性的干预措施。此外，信息化工具的使用使学科研究能够实现实时数据的收集与处理，大大提高了研究的效率。这种实时性不仅有助于研究者快速获取所需信息，还能在动态变化的教育环境中做出及时调整。

大数据分析平台的建设为教育政策的制定提供了科学的依据和决策支持。通过对教育数据的系统分析，研究者可以识别出影响教育质量的关键因素，从而为政策制定者提供数据驱动的建议。这种基于数据的决策过程不仅提高了政策的科学性和可行性，也增强了政策实施的效果和影响力。同时，云计算技术的引入为高等教育管理学科研究提供了灵活的资源配置和存储解决方案。研究者可以根据需要动态调整计算资源的使用，降低了研究成本，提高了研究的灵活性和有效性。

(二)创新教学模式与方法

创新教学模式与方法在高等教育管理学科信息化建设中扮演着至关重要的角色。随着信息技术的迅猛发展,传统的教学模式逐渐显露出其局限性,而信息化为教育带来了新的可能性。基于项目的学习模式成为一种有效的教学策略,通过让学生参与实际项目,不仅提升了他们解决问题的能力,也培养了团队合作精神。这种模式强调学生在真实情景中运用所学知识,进而提高其应用能力和创新思维。此外,翻转课堂的实施也为学生提供了更多的自主学习机会。在这种模式下,学生可以在课外通过在线资源进行自主学习,课堂则成为讨论和实践的场所。这种转变不仅增强了学生的学习主动性,还提高了课堂的互动性和参与度。

混合学习模式的推广进一步丰富了教学方法。通过将线上学习与面授教学相结合,混合学习模式能够更好地满足不同学生的学习需求与节奏。这种灵活的教学安排不仅提升了学生的学习体验,也为教师提供了更多的教学工具和资源。与此同时,游戏化学习的应用也逐渐受到关注。通过引入游戏元素,教师能够有效提高学生的学习兴趣和参与度,从而促进知识的内化和转化。游戏化学习不仅使学习过程更加生动有趣,还能激发学生的创造力和竞争意识。

跨学科教学方法的探索为信息化教学模式注入了新的活力。在信息化背景下,打破学科界限的教学方法能够培养学生的综合素质和创新能力。通过跨学科的学习,学生不仅能够获得更为广泛的知识,还能在不同学科之间建立联系,提升其系统思考能力和问题解决能力。这种教学方法强调知识的整合与应用,旨在培养具有创新思维和实践能力的人才,为未来社会的发展提供有力支持。信息化教学模式的创新为高等教育管理学科的建设带来了新的机遇和挑战,需要在实践中不断探索和完善。

(三)促进学科间的交流与合作

信息化在高等教育管理学科的建设中发挥着关键作用,尤其在促进学科间的交流与合作方面。通过信息化手段,学科之间的界限逐渐模糊,形成了更加开放和协作的学术环境。信息化技术的应用为跨学科研究项目的建立提供了坚实的基础,促进了不同学科之间的资源共享与协作。这种跨学科的合作不仅有助于解决复杂的学术问题,还推动了知识的创新与发展。跨学科研究项目的实施需要各领域专家的通力合作，而信息化技术则为这种合作提供了便利的沟通和协调工具。

为了进一步增强学科间的交流与思想碰撞，定期举办学术研讨会成为一种行之有效的方式。这些研讨会借助信息化平台，能够吸引来自不同学科的学者和学生参与，形成多元化的学术交流氛围。通过这些学术活动，参与者不仅可以分享各自领域的最新研究成果，还能在思想的碰撞中激发新的研究灵感和思路。信息化平台的使用，使学术研讨会的组织和参与变得更加高效和便捷，打破了时间和空间的限制。

开发跨学科课程是信息化在高等教育管理学科建设中应用的另一重要体现。这些课程通过整合多学科的知识，鼓励学生在多领域知识背景下进行学习与创新。信息化技术的应用，使课程设计和实施更加灵活多样，学生可以通过在线平台获取丰富的学习资源，并与来自不同学科背景的同学进行互动和合作。这种学习模式不仅拓宽了学生的知识面，还培养了他们的创新思维和解决实际问题的能力。

信息化平台的搭建为学科合作网络的形成提供了有力支持，这种网络的建立促进了信息和经验的快速传播。在信息化平台上，各学科的研究人员可以方便地分享研究进展、交流学术思想、讨论研究方法，从而形成一个动态的学术共同体。这种合作网络的存在，使学科间的合作更加紧密和高效，为学术研究的深入开展提供了新的动力和支持。

三、信息化建设对高等教育公平的促进

(一)缩小区域与校际的数字鸿沟

信息化建设在高等教育中的应用为缩小区域与校际的数字鸿沟提供了重要途径。通过信息化平台的建设，偏远地区的学生能够借助互联网获取优质的教育资源。这种资源获取方式打破了地域限制，使教育资源的分配更加均衡，缩小了教育资源的地域差距。在线学习系统的普及为学生提供了灵活的学习方式，使不同背景的学生可以在同一平台上进行学习。这种学习环境的平等性为教育机会的均等化创造了条件，促进了教育公平的实现。

信息化工具在教育中的应用不仅仅局限于资源的获取，更在于资源的共享与合作学习的支持。通过信息化手段，学校之间能够建立更加紧密的合作关系，实

现资源的互通有无。这种资源共享机制不仅提高了教育资源的利用效率，还提升了整体教育质量。尤其是在数字化教育资源的共享过程中，学校之间的合作关系得到了加强，学生能够在更广阔的知识平台上进行学习交流，从而推动教育公平的进一步实现。

信息化建设还为高等教育管理者提供了强有力的数据分析工具。通过对教育数据的分析，高等教育管理者可以识别并解决区域内教育资源分配不均的问题。这种数据驱动的决策方式为公平教育政策的实施提供了科学依据。信息化手段的应用不仅增强了教育机构对学生学习进展的监测能力，还为各类学生提供了个性化的支持。这种个性化的教育支持能够提升学生的学习效果与公平性，使教育公平的理念在信息化背景下得以更好地贯彻和落实。

(二)为弱势群体提供更多教育机会

信息化建设在高等教育中扮演着重要角色，尤其在促进教育公平方面表现突出。通过信息化教育平台，弱势群体获得了比以前更多的教育机会。这些平台提供灵活的学习时间，使学生能够在家庭或工作环境中更好地平衡学习与生活，从而降低学习障碍。尤其是对于那些需要兼顾家庭或工作的学生，信息化平台的灵活性显得尤为重要。这种灵活性不仅体现在时间的安排上，还包括学习进度的自主调节，使学生能够按照自己的节奏进行学习。

在线课程和资源共享是信息化建设的另一大优势。通过这些平台，弱势群体可以获得与主流教育相同的学习材料和支持，极大地促进了知识获取的公平性。无论是偏远地区的学生，还是因经济条件限制而无法进入优质教育机构的个体，通过信息化平台，他们都能接触到高质量的教育资源。这种资源的可及性使教育不再仅仅是少数人的特权，而成为更多人可以享有的权利。

信息化建设为弱势群体提供了个性化的学习支持。教育平台能够依据学生的学习进度和需求，动态调整学习内容，从而提升学习效果。这种个性化的支持不仅提高了学习效率，还增强了学生的学习动力。通过数据分析和智能推荐，平台可以为每位学生提供最适合他们的学习方案，帮助他们在学习过程中不断进步。

信息技术的应用使教育机构能够更加有效地识别和跟踪弱势群体学生的学习进展。这种精细化的管理使教育者能够在学生遇到困难时及时提供帮助与干预，从而避免学习困难的积累。通过数据驱动的决策，教育机构能够为每位学生量身定制支持方案，确保他们在学习过程中得到充分的关注和指导。

(三)推动教育资源的公平分配与共享

信息化技术的应用可以有效打破传统教育资源分配中的地域和经济壁垒,促进资源的均衡分配。通过建立开放的教育资源共享平台,不同高校之间的资源互通与合作得以实现。这不仅提升了教育资源的使用效率,也为各类院校提供了平等获取优质教育资源的机会。此外,信息化手段还可以实现教育资源的动态监测与反馈,确保资源分配的合理性与及时性。这种动态的管理方式能够及时发现和纠正资源分配中的不平衡现象,确保资源能够流向最需要的地方。

在推动教育资源的标准化与规范化管理方面,信息化建设同样发挥着关键作用。通过制定统一的资源管理标准,各地区和学校能够在同一框架下获取和使用教育资源,从而避免了因标准不一而导致的资源浪费和不公平现象。与此同时,利用先进的数据分析技术,可以识别教育资源分配中的不均衡现象,并为决策者提供科学的依据,以制定相应的政策来优化资源配置。这种基于数据的决策过程,不仅提高了资源配置的效率,也增强了政策的针对性和有效性。

第二节　信息化建设的策略

一、信息化基础设施的构建

(一)校园网络的升级与优化

校园网络的升级与优化是高等教育信息化建设的基础。近年来,随着在线学习和管理系统的普及,校园网络的带宽需求显著增加。为了支持高流量的在线活动,高校需要不断提升网络带宽,确保在高峰时段依然能够提供流畅的网络体验。此外,部署无线网络覆盖是实现校园全区域稳定接入互联网的关键措施。通过在校园内各个区域安装无线接入点,可以为师生提供随时随地的网络连接,进一步支持移动学习和远程办公的需求。

在提升网络性能的同时,网络安全问题也不容忽视。引入先进的网络安全技术是保障校园网络环境安全性与稳定性的必要手段。通过部署防火墙、入侵检测系统等安全设施,可以有效防范网络攻击,保护校园数据的安全。与此同时,建设集中管理的网络监控系统,实时监测网络性能与故障,能够实现对网络问题的快速响应和处理，确保网络的持续稳定运行。

为了保持网络基础设施的长期高效运作，推动网络设备的定期更新与维护同样重要。这不仅包括硬件设备的升级，更涉及软件系统的更新和优化。通过定期检查和维护，确保设备始终处于最佳运行状态，使校园网络能够适应不断变化的技术需求和使用环境。这一系列措施的实施，不仅提升了校园网络的整体性能和安全性，也为高等教育管理学科的信息化建设提供了坚实的基础保障。

（二）数据中心与云计算平台建设

在高等教育管理学科的信息化建设中，数据中心与云计算平台的建设是至关重要的。数据中心的高效能建设不仅提供了稳定的存储和计算资源，还为高等教育管理系统的运行和数据处理需求提供了坚实的基础。通过高效能的数据中心，教育机构能够有效地管理和处理大量的教育数据，从而支持各类教育管理应用的顺利运行。这一过程不仅涉及硬件设施的投入，还包括对软件系统的优化和管理能力的提升，以确保数据处理的高效性和可靠性。

云计算技术的采用为高等教育管理的信息化建设提供了资源的弹性扩展能力。通过云计算，教育机构可以根据实际需求动态调整资源配置，无论是应对学生数量的波动，还是支持不同规模的教育管理应用，都能够做到灵活应变。这种弹性扩展能力不仅提高了资源的利用效率，还降低了硬件设施的过度投入风险，使教育管理系统能够更好地适应不断变化的教育环境和需求。

在数据中心与云计算平台的建设过程中，数据备份与灾难恢复方案的实施显得尤为重要。教育数据的安全性与可靠性是信息化建设的核心关注点之一。通过实施完善的数据备份策略和灾难恢复计划，教育机构能够在数据丢失或系统故障时迅速恢复正常运行，确保重要教育数据的完整性和可用性。这不仅降低了信息丢失的风险，还为教育管理系统的持续稳定运行提供了保障。

（三）智能终端设备的普及与应用

智能终端设备的广泛应用不仅改变了传统的学习方式，还为学生和教师提供了丰富的教育资源和互动平台。通过智能手机、平板、电脑等设备，学生可以随时随地访问在线课程和学习材料，这极大地提高了学习资源的可及性与便利性。无论是在图书馆、教室还是在家中，学习者都可以利用碎片化时间进行学习，充分利用每一个学习机会。这种随时获取学习资源的能力，改变了传统的教育模式，使学习变得更加灵活和高效。

智能终端设备的使用还显著增强了课堂互动，提升了教学的效果。教师可以利用这些设备进行实时问答、投票和反馈，学生的参与感和课堂活跃度因此得到了显著提高。通过这种互动，教师可以更好地了解学生的学习状态和需求，从而调整教学策略，提供更有针对性的指导。同时，学生也能在互动中表达自己的观点和疑问，促进了师生之间的交流与理解。这种互动不仅可以实现在课堂内，还可以延伸到课外，通过在线平台和社交媒体，师生之间的沟通更加便捷和频繁。

智能终端设备支持多样化的学习方式，为学生提供了个性化的学习体验。每名学生的学习节奏和风格各不相同，智能终端设备的灵活性使学生可以根据自己的需求选择适合的学习方式。这种个性化的学习体验，不仅提高了学生的学习兴趣和积极性，还帮助他们更好地掌握知识和技能。此外，智能终端设备还支持多媒体教学，学生可以通过视频、音频、动画等多种形式进行学习，增加了学习的趣味性和效果。

智能终端设备的应用也促进了高等教育管理的移动化，使管理人员能够更高效地进行信息查询和决策支持。通过移动应用，高等教育管理者可以随时获取最新的教育数据和信息，进行实时分析和决策。这种移动化的管理方式，不仅提高了管理的效率和准确性，还增强了管理的灵活性和响应速度。在教育管理的各个环节中，智能终端设备的应用都发挥着重要作用，为教育管理的现代化提供了有力支持。

二、信息系统与平台的开发

（一）教学管理信息系统的完善

教学管理信息系统的实时数据更新功能尤为关键，它能够确保高等教育管理者在决策过程中的每一个环节始终基于最新的信息。通过这一功能，高等教育管理者可以及时获取学生的学习进展和教学活动的动态，从而提升决策的准确性和时效性。此外，实时更新的数据还为教师提供了更为精确的教学反馈，帮助他们调整教学策略，以更好地满足学生的学习需求。

有效的教学管理信息系统还应支持多种教学活动的管理功能。这包括课程安排、成绩评估以及师生互动等多个方面。通过系统化的管理，教育机构可以实现教学活动的全面协调，确保各个环节的顺利进行。课程安排功能可以帮助合理分配教学资源，避免课程冲突；成绩评估功能则为教师提供了便捷的成绩录入和分析工具；而师生互动功能则促进了课堂内外的沟通与交流，增强了教学的互动性和参与度。

用户友好的界面设计是教学管理信息系统成功的另一个关键因素。良好的用户体验不仅能够提升教师和学生的使用积极性，还能促进信息的有效传播与共享。界面设计应当简洁直观，功能布局合理，使用户能够快速上手并高效操作。通过不断优化用户界面，系统可以更好地支持教学管理的各项活动，提升教育信息化的整体水平。

（二）科研管理平台的搭建

科研管理平台的搭建在高等教育管理学科的信息化建设中具有重要意义。一个高效的科研管理平台不仅能提升科研工作的效率，还能促进科研成果的传播和应用。为了实现这些目标，科研管理平台应具备多种功能，以满足科研人员在项目管理、成果管理、数据分析、团队协作和知识获取等方面的需求。

科研管理平台应具备高效的项目管理功能。这一功能能够让科研人员方便地申请科研项目、跟踪和管理各类科研项目的进展与资金使用情况。通过项目管理模块，科研人员可以实时了解项目的进度，及时调整研究计划，确保项目按时完成。此外，资金管理功能可以帮助科研人员合理分配和使用研究经费，提高资金使用效率，避免资源浪费。

科研管理平台需集成科研成果的管理模块。这一模块支持科研人员记录、发布和分享研究成果，提升成果的可见性和影响力。通过这一功能，科研人员可以将自己的研究成果上传至平台，方便其他研究人员查阅和引用。这不仅有助于提高科研成果的影响力，还能促进学术交流和合作，推动科研创新。

平台应提供数据分析工具，以帮助科研人员分析研究数据，并生成可视化报告。数据分析工具可以帮助科研人员从海量数据中提取有价值的信息，支持决策与研究方向的调整。通过可视化报告，科研人员可以更直观地展示研究成果，便于与同行、资助机构和社会公众进行有效沟通。

（三）师生服务一体化平台的创建

在高等教育管理学科的信息化建设中，师生服务一体化平台的创建是一个重要的环节。该平台旨在整合多种服务功能，以满足师生的多样化需求。通过将课程管理、学术咨询和心理辅导等功能集成到一个平台中,师生可以享受一站式服务。这种服务模式不仅提高了服务的便捷性,还能有效节省时间和资源,使师生能够更加专注于教学和学习活动。这种整合的服务模式在国内外的高等教育管理中得到了广泛关注和应用。

为了确保平台的高效运作,信息的实时更新与反馈是至关重要的。平台需具备即时更新课程安排和资源信息的能力,以便师生能够及时获取最新的通知和安排。这种实时性不仅提升了沟通效率,还能帮助师生更好地规划和安排他们的教学和学习活动。此外,实时反馈机制的建立也有助于及时解决师生在使用平台过程中遇到的问题,从而提高用户满意度和平台的整体服务水平。

个性化服务模块的建立是提升用户体验的重要策略。通过分析师生的不同需求和偏好,平台可以提供定制化的学习资源和支持。这种个性化的服务不仅能满足个体化的学习需求,还能激发师生的学习积极性和创造力。个性化服务的实现需要依托于强大的数据分析能力,通过深入分析用户的使用行为,平台可以不断优化服务内容和交互方式,提升整体服务质量。

三、数据治理与数据安全

(一)数据标准与规范的制定

在高等教育管理学科的信息化建设中,数据标准与规范的制定是至关重要的。数据标准的制定有助于确保不同系统之间的数据能够无缝对接和共享,从而提升数据的互操作性。通过制定统一的数据格式标准,各个系统在进行数据交换时能够减少格式不统一导致的错误与信息丢失。这不仅提高了数据处理的效率,也为高等教育管理提供了更加可靠的数据支持。在信息化建设过程中,数据的互通性是实现高效管理的基础。

同时,建立数据质量标准也是数据治理的重要组成部分。明确数据录入、维护和更新的规范,能够确保数据的准确性和一致性。高质量的数据是科学决策的前提,特别是在高等教育管理中,数据的准确性直接关系到政策的制定和执行效果。通过严格的数据质量管理,能够有效避免因数据错误导致的管理失误,提高高等教育管理的科学性和有效性。

此外,设定数据分类与分级标准也是信息化建设中的关键一环。根据数据的重要性和敏感性,制定相应的管理和使用策略,能够保障数据的安全性和隐私保护。不同类别的数据需要不同的管理措施，以防止数据泄露和滥用。特别是在涉及师生个人信息的数据处理中，严格的数据分级管理能够有效保护隐私，增强各利益相关者对信息化系统的信任。

（二）数据质量管理与整合

在高等教育管理学科的信息化建设过程中，数据质量管理与整合是确保信息系统有效运作的关键环节。数据质量直接影响到决策的准确性和效率，因此，建立健全的数据质量管理机制显得尤为重要。通过定期审查和评估数据的准确性和完整性，可以确保数据在使用过程中的高质量标准。这不仅有助于提高数据的可靠性，还能为学术研究和管理决策提供坚实的基础。数据质量管理的核心在于持续的监控和评估，以便及时发现和纠正数据中的问题，从而维持高水平的数据完整性。

为进一步提升数据集的可靠性和可用性，实施数据清洗和去重技术是必不可少的步骤。数据清洗的目的是消除数据中的错误和不一致之处，确保数据的准确性。同时，去重技术的应用可以有效减少数据集中的冗余信息，提高数据的处理效率。通过这些技术手段，高等教育管理机构能够确保其信息系统中的数据是高质量的，为后续的数据分析和决策提供可靠的依据。加强数据清洗和去重工作的力度，是提升数据质量管理水平的重要举措。

构建数据整合平台是实现数据统一管理和处理的关键。高等教育管理学科中，数据通常来源于不同的系统和平台，如何有效整合这些数据，是信息化建设的重要挑战。通过建立数据整合平台，可以实现对不同来源数据的统一管理，提高数据的协同效应和分析质量。这不仅有助于提高数据利用效率，还能为数据驱动的决策提供更全面的支持。数据整合平台的建设，需要考虑到数据的多样性和复杂性，以确保整合后的数据能够满足各类需求。

为了保持数据的时效性，制定数据更新和维护流程是必不可少的。数据的价值在于其能够反映最新的情况和变化，因此，及时更新数据是确保其有效性的关键。通过制定科学的数据更新和维护流程，可以确保数据能够及时反映最新的动态，从而支持高效的决策和研究。数据更新和维护工作的有效开展，依赖于对数据变化的敏锐感知和快速响应能力，是数据质量管理的重要组成部分。

（三）网络安全与数据隐私保护

随着信息化程度的加深，教育信息系统面临的安全风险日益增加，确保网络安全与数据隐私成为不可或缺的任务。建立多层次的网络安全防护体系是第一步，这一体系不仅需要防范外部攻击，还须防止内部泄露的风险。通过多层次的防护措施，如防火墙、入侵检测系统和病毒防护软件，可以有效减少系统受到攻击的可能性。此外，定期更新和升级这些安全措施，确保其在面对新的威胁时保持有效。

在数据传输和存储过程中，数据加密技术的实施是保障敏感信息安全的关键。加密技术能够在信息传输和存储的各个环节对数据进行保护，防止未经授权的访问和窃取。对于高等教育管理中的敏感数据，如学生成绩、教师信息等，采用先进的加密算法可以极大地提高其安全性。同时，教育机构还应当关注加密技术的发展趋势，及时采用更为安全和高效的加密方案，以应对不断变化的安全挑战。

制定严格的访问控制策略是保障数据隐私的重要措施之一。通过设置访问权限，可以确保只有经过授权的人员才能访问和处理学生或教师的个人信息。这不仅有助于保护个人隐私，还能在一定程度上防止数据泄露和滥用。访问控制策略的制定需要考虑各类用户的不同需求和权限，确保系统在灵活性与安全性之间的平衡。同时，定期审查和更新访问权限，以适应人员变动和角色调整。

四、信息化人才队伍建设

(一)专业技术人员的引进与培养

高等教育机构需要制定有效的人才引进政策，吸引具备信息技术专长的专业人员。同时，针对不同岗位的专业技术人员，建立多层次的培训体系是必不可少的。通过提供定制化的培训课程，提升他们的信息化管理技能和技术应用能力，使其能够更好地适应信息化建设的需求。这些课程应结合最新的技术发展趋势，确保培训内容的时效性和实用性，帮助专业技术人员在迅速变化的技术环境中保持竞争力。

鼓励在职人员参加职业资格认证与继续教育，是提升其专业素养与技术水平的重要策略。通过这种方式，可以确保信息化建设团队具备前沿的技术能力，能够有效应对高等教育管理信息化建设中的各种挑战。在职人员通过获取相关认证，不仅可以提升个人的职业竞争力，还能为所在机构的信息化建设提供更强有力的技术支持。此外，继续教育能够帮助专业技术人员不断更新知识结构，掌握最新的信息化管理方法和工具。

建立跨学科的合作机制,促进信息技术与教育管理领域的专业人员交流与合作,是推动高等教育信息化创新与发展的重要途径。通过多学科的合作,能够实现资源共享和优势互补,促进信息技术在教育管理中的创新应用。跨学科团队可以共同探讨信息化建设中的难题,开发新的解决方案,从而提高信息化建设的整体水平。这种合作不仅有助于提升专业技术人员的综合能力,还能推动高等教育管理学科的信息化建设向更高水平发展。

通过实习与实践项目,增强专业技术人员的实际操作能力,使其能够将理论知识应用于高等教育管理的信息化建设中。这些项目提供了一个将理论与实践相结合的平台,使专业技术人员能够在真实的工作环境中积累经验,提升解决实际问题的能力。实习与实践项目的设计应注重与高等教育管理信息化建设的实际需求相结合,确保参与者能够在项目中获得有价值的实践经验。这不仅能提高专业技术人员的实际操作能力,也能为高等教育管理信息化建设注入新的活力。

(二)教师信息化素养的提升

在高等教育管理学科的信息化建设过程中,教师的信息化素养提升是关键环节。教师的信息化素养不仅仅是对信息技术的基本掌握,更是指在教育教学中有效应用信息化工具的能力。教师信息化素养的定义与重要性体现在其能够推动教育质量的提升,促进教学方式的创新。信息化素养的提升有助于教师在教学中更好地利用现代技术手段,为学生提供更加丰富和高效的学习体验。教师作为教育的核心力量,其信息化素养的提升直接关系到整个教育信息化进程的成败。

信息化教学工具的应用能力是教师信息化素养的一个重要方面。现代信息技术的发展为教育领域提供了丰富的工具和资源,如在线教学平台、虚拟实验室、数据分析软件等。教师需要具备熟练使用这些工具的能力,以便在教学中灵活应用。通过合理使用信息化教学工具,教师可以实现教学内容的多样化,增强课堂的互动性,提高学生的学习兴趣和参与度。此外,信息化工具的应用还可以帮助教师进行教学效果的评估与反馈,进而优化教学设计。

在信息化环境下,教师的课程设计与实施能力显得尤为重要。信息化课程设计不仅涉及教学内容的数字化呈现,还包括教学目标的设定、教学策略的选择、教学活动的组织等多个方面。教师需要具备在信息化环境中重新构建课程的能力,能够根据学生的实际需求和信息技术的发展趋势,设计出具有创新性和实用性的课程内容。同时,教师还需具备在信息化环境下实施课程的能力,能够灵活应对信息技术带来的教学挑战,确保课程目标的有效达成。

教师对学生信息化学习支持的能力也是信息化素养的重要组成部分。在信息化学习环境中,教师不仅是知识的传授者,更是学生学习的支持者和引导者。教师需要具备为学生提供信息化学习支持的能力,包括指导学生使用信息化工具进行自主学习,帮助学生解决在信息化学习中遇到的问题,促进学生的信息素养和自我管理能力的提升。通过有效的学习支持,教师可以帮助学生更好地适应信息化学习环境,提高学习效果。

(三)管理团队的信息化能力建设

在高等教育管理学科的信息化建设过程中,管理团队的信息化能力建设至关重要。管理团队需要具备信息化战略规划能力,以确保信息化建设与教育管理目标的有效对接。通过清晰的战略规划,管理团队能够将信息化目标与教育管理的长远发展方向相结合,确保信息化建设不仅仅是技术层面的提升,而是能真正服务于教育管理的整体目标。战略规划能力的培养需要管理团队深入理解信息化技术的发展趋势,并结合高等教育管理的具体需求,制定切实可行的实施方案。

信息化项目管理与实施能力也是管理团队必须具备的关键能力之一。高效的项目管理能够确保信息系统的顺利上线与运行维护。管理团队需要掌握项目管理的基本原则和方法,包括项目的计划、执行、监控和收尾等环节。在信息化建设过程中,管理团队需要协调各方资源,确保项目按时、按质完成。同时,项目实施过程中可能会遇到各种技术和管理上的挑战,管理团队需要具备灵活应对和解决问题的能力,以保障信息系统的稳定运行。

信息化数据分析与决策支持能力是提升管理决策科学性与效率的重要手段。管理团队需要利用先进的数据分析工具和技术,从海量数据中提取有价值的信息,为教育管理决策提供有力支持。通过数据驱动的决策方式,管理团队可以更好地把握教育管理中的关键问题,制定出更加精准和有效的管理策略。同时,数据分析能力的提升也为管理团队提供了新的视角,帮助他们在信息化建设中不断创新和优化管理流程。

信息化沟通与协作能力是促进团队内部及各部门之间信息共享与协同工作的基础。管理团队需要建立有效的信息沟通机制,确保信息在团队内部和各部门之间的畅通流动。通过信息化手段,管理团队可以实现跨部门的协同工作,提高整体工作效率。此外,管理团队还需要具备良好的沟通技巧,能够在信息化建设过程中有效协调各方利益,推动信息化项目的顺利实施。

五、信息化建设的合作与协同

(一)校内部门间的协同机制

在高等教育管理学科的信息化建设中,校内部门间的协同机制是确保信息化项目成功实施的关键因素之一。建立跨部门协作机制是实现这一目标的重要途径。通过定期召开信息化建设协调会议,各部门能够在信息化项目中保持目标的一致性,并实现资源的共享。这种协作不仅有助于提升信息化建设的效率,还能够确保各部门在项目实施过程中步调一致,避免信息不对称或资源分配不当导致的项目延误或失败。

在实施信息化建设过程中,责任分工的明确性同样至关重要。各部门在信息系统的开发与维护中扮演着不同的角色,明确其职责能够有效提升协同工作的效率。通过清晰的角色分配,各部门可以更好地理解其在项目中的任务,从而提高整体项目的执行力。此外,明确的责任分工还能够减少职责不清导致的推诿现象,确保信息化建设的顺利进行。

信息化工具的有效应用离不开相关人员的理解和掌握。因此,推动信息化培训与交流活动是提高各部门信息化能力的重要举措。通过定期的培训和交流活动,各部门人员可以更好地理解信息化工具的功能与使用方法,从而在工作中更有效地应用这些工具。这不仅能够提高信息化建设的整体水平,还能够增强各部门之间的协作能力,形成良好的信息化应用氛围。

为了确保信息化系统的不断优化与改进,设立信息化建设反馈机制是必要的。通过鼓励各部门及时反馈信息系统的使用情况与需求,管理层可以及时了解系统在实际应用中的表现,并根据反馈进行必要的调整和改进。这种反馈机制不仅能够提高信息系统的用户满意度,还能够确保系统始终保持高效、稳定的运行状态。

信息化平台的有效利用是实现部门间信息共享的重要途径。通过搭建信息共享渠道,各部门能够实现数据与资源的实时共享,从而提升整体管理效率与决策的科学性。信息共享不仅能够减少信息孤岛现象,还能够为管理层提供全面、准确的数据支持,帮助其做出更为明智的决策。总之,校内部门间的协同机制在信息化建设中发挥着至关重要的作用,是信息化项目成功实施的基石。

(二)高校间的合作与资源共享

通过建立校际合作网络,各高校可以实现教育资源的互通与共享,从而有效提升教育质量与效率。在信息化时代,资源的有效整合与共享不仅能够减少重复建设,节约成本,还能为学生和教师提供更广阔的学习和发展平台。通过共享课程、图书馆资源、实验室设备等教育资源,不同高校能够在各自特色的基础上实现优势互补,形成合力,共同推动高等教育的创新与发展。

为了促进这种合作与资源共享,定期举办校际交流活动显得尤为重要。这些活动不仅可以增强不同高校之间的学术互动,还能够推动合作研究的开展。通过学术论坛、研讨会等形式,高校之间可以分享各自在信息化建设方面的成功经验和遇到的挑战,共同探讨解决方案。此外,学术交流活动也为教师和学生提供了一个展示和提升自我的平台,有助于激发创新思维和创造力,推动高校的共同发展。

开发跨校际课程与项目是实现校际合作的重要策略之一。通过鼓励学生参与多校联合的学习与实践,学生可以拓宽学习视野和经验,获得多元化的教育体验。跨校际课程不仅能够丰富学生的学习内容,还可以促进不同高校之间的教学资源共享和教学方法创新。同时,这种合作模式也为教师提供了相互学习和交流的机会,推动教学方法的改进和教学质量的提升。

信息技术在校际资源共享中的作用不可忽视。利用现代信息技术搭建校际资源共享平台,可以实现教学、科研资源的高效配置与使用。通过网络平台,高校可以共享课程视频、教学课件、学术论文等资源,打破地域限制,实现资源的优化整合。这不仅提高了资源利用率,还为师生提供了便捷的学习和研究途径,促进了教育教学的创新。

(三)与企业和社会机构的合作模式

与企业和社会机构的合作模式在高等教育管理的信息化建设中扮演着至关重要的角色。通过建立校企合作机制,高校可以与企业共同开发课程和实习项目,从而提升学生的实践能力和就业竞争力。这种合作模式不仅可以使学生在理论学习的同时获得实际操作经验,还能帮助他们在进入职场前就了解行业动态和需求,从而更好地适应未来的工作环境。此外,企业在合作中也能获得高素质的潜在员工,形成双赢的局面。

引入企业资源与技术是推动高校科研项目转化与应用的有效途径。通过与企业的深度合作,高校可以利用企业的先进技术和设备,推动学术研究成果的实际应用,增强其实际价值。这种合作不仅能够为高校的科研工作提供新的思路和方向,也能为企业带来创新的解决方案,从而提升其市场竞争力。高校与企业的合作应注重长期性和战略性,确保双方在合作中实现可持续发展。

开展联合培训与讲座,邀请行业专家为师生提供前沿知识和技术,是促进教育与实际工作对接的重要策略。行业专家的参与可以为学生和教师带来最新的行业动态和技术发展趋势,帮助他们更好地理解和应用所学知识。此外,这种合作模式还能激发学生的学习兴趣,增强他们对未来职业生涯的规划意识,促进高校教育与社会需求的无缝衔接。

搭建信息共享平台,促进高校与企业之间的数据与资源交流,是提升教育服务针对性与时效性的关键。通过信息共享平台,高校能够及时获取行业发展信息和人才需求动态,从而调整教学内容和教学方法,增强教育的针对性。企业也能通过平台了解高校的科研进展和人才培养情况,及时调整自身的人才战略,实现资源的最优配置。

第七章　高等教育管理学科建设的多样化实践

第一节　综合性大学的学科建设经验

一、学科布局的综合性与交叉性

(一)多学科门类的融合发展

多学科门类的融合发展在综合性大学的学科建设中扮演着至关重要的角色。这种融合不仅有助于打破传统学科的界限,还能促进不同学科之间的知识交流与创新。在高等教育管理学科中,融合发展能够为学生提供更全面的视角,帮助他们理解复杂的高等教育管理问题。通过引入多学科的理论和方法,学生可以更好地应对实际工作中遇到的挑战。例如,经济学、社会学和心理学的结合可以为教育政策的制定提供多维度的分析框架,从而提高政策的科学性和实效性。此外,多学科融合也推动了学术研究的创新,提升了综合性大学在国际学术界的影响力。

多学科交叉课程的设置与实施是实现学科融合的重要途径。这些课程通常由来自不同学科背景的教师共同设计和授课,旨在为学生提供跨学科的知识和技能。通过交叉课程,学生可以在一个课程中学习到多个学科的核心概念和方法,从而拓宽他们的知识面并拓展他们的思维方式。在课程实施过程中,教学团队需要充分协作,确保课程内容的连贯性和系统性。同时,学生的反馈也应被纳入课程的持续改进中,以便更好地满足学习需求。交叉课程的成功实施不仅依赖于教学资源的整合,还需要学校管理层的支持和政策保障,以鼓励教师跨学科合作和创新教学。

跨学科研究中心的建立与运作是综合性大学推动学科交叉的重要举措。这些研究中心通常聚集了一批来自不同学科的专家学者,致力于解决复杂的社会问题。通过跨学科的合作,研究中心能够整合多种学科的理论和方法,开展创新性研究。研究中心的运作需要有效的管理机制,以协调各学科之间的合作,并保证研究工作的顺利进行。资金支持、人员配置和研究方向的选择都是影响研究中心运作的重要因素。通过跨学科研究中心,综合性大学不仅可以提升自身的科研实力,还能为社会发展提供更具建设性的解决方案。

多学科合作项目的管理模式在学科建设中发挥着关键作用。这些项目通常涉及多个学科的教师和学生,需要有效的管理模式来协调各方的参与和贡献。项目管理需要考虑到各学科的特点和需求,制定合理的目标和计划,以确保项目的顺利推进。定期的项目评估和反馈机制有助于及时发现问题并进行调整,从而提高项目的整体质量和效果。多学科合作项目的成功实施不仅有助于提升学生的实践能力,还能为教师的学术交流和合作提供平台,促进学术成果的转化和应用。

学科间知识共享平台的构建是实现多学科合作的重要工具。这些平台通常利用信息技术手段,为不同学科的师生提供信息交流和资源共享的空间。通过知识共享平台,师生可以方便地获取其他学科的研究成果和教学资源,从而促进跨学科的学习与研究。平台的构建需要考虑用户的需求和使用习惯,设计友好的界面和便捷的功能,以提高使用效率。知识共享平台不仅有助于学科间的知识流动,还能增强综合性大学的整体创新能力,推动学术资源的最大化利用。

多学科人才培养方案的设计与优化是实现学科融合的关键环节。综合性大学需要根据社会需求和学科发展趋势,设计出能够培养跨学科人才的培养方案。这些方案应注重学生综合素质的提升,强调理论与实践的结合。课程设置、教学方法和评价机制都需要进行相应的调整,以适应多学科人才培养的目标。通过不断优化人才培养方案,综合性大学可以为社会输送更多具有创新能力和跨学科视野的人才,满足不断变化的社会需求。

(二)交叉学科研究平台的搭建

交叉学科研究平台旨在打破传统学科界限,实现知识的整合与创新。通过建立交叉学科研究平台,大学能够促进不同学科间的合作,推动知识的交融与创新。平台的搭建需要考虑各学科的特性及其相互之间的关联性,以便于在研究过程中实现资源的最优配置。通过合理的规划和设计,交叉学科研究平台可以成为推动学科发展的重要引擎,为学术研究的多样化和创新性提供坚实的基础。

交叉学科研究平台的目标设定与评估机制是确保平台有效运作的关键。目标设定需要结合大学的整体发展战略,明确平台在学科建设中的具体作用和贡献。评估机制则需建立在科学和客观的基础上,以定量与定性相结合的方式进行。通过定期评估,可以及时发现平台运行中的问题,并进行适当调整,以确保平台始终朝着既定目标前进。评估机制的有效性直接关系到平台的可持续发展,因此需要引入外部专家进行评估，确保评估结果的公正性与权威性。

跨学科团队的组建与成员角色分配是交叉学科研究平台成功的关键因素。组建跨学科团队时，需要考虑成员的学科背景、研究兴趣及合作能力，以形成优势互补的团队组合。在角色分配上，应明确每位成员的职责和任务，确保团队运作的高效性。合理的角色分配可以激发团队成员的创造力和积极性，促进团队的协作与创新。此外，团队成员之间的良好沟通与信任也是实现团队目标的重要保障。

研究资源的共享与管理策略是交叉学科研究平台高效运作的重要支撑。资源共享包括信息、设备、实验室等多方面的内容，需建立统一的管理平台，实现资源的合理分配与利用。管理策略则需根据平台的实际需求进行调整，以确保资源的最大化使用。在资源管理中，应注重资源的可持续利用，避免资源浪费。同时，建立完善的资源共享机制，确保各学科之间的资源流动顺畅，是实现交叉学科研究平台目标的重要手段。

跨学科项目的资金申请与管理流程是平台运作的保障。资金申请需明确项目的研究目标、方法及预期成果，以提高申请的成功率。在资金管理上，应建立透明的管理流程，确保资金的合理使用和有效监管。通过引入第三方审计机制，可以提高资金管理的透明度和公信力。此外，建立激励机制，鼓励研究人员积极申请和使用资金，以推动研究项目的顺利开展和创新成果的产出。

(三)跨学科课程体系的设置

跨学科课程的设计应注重实际问题导向，鼓励学生在解决复杂问题时综合运用多学科知识。这种设计理念不仅提升了学生的批判性思维和创新能力，还促进了他们在面对现实世界挑战时的适应能力。通过实际问题的引入，学生能够在真实情景中理解和应用所学知识，进而提升解决问题的能力。此外，跨学科课程体系的设置强调不同学科之间的有机联系，使学生能够在不同学科视角下探索问题，培养其全面的分析和综合能力。

课程内容应涵盖多学科视角，以增强学生对不同学科之间联系的理解和学科联合应用能力。在课程设计中，教师需要将多个学科的知识点有机融合，形成一个连贯的学习模块。这不仅有助于学生在学习过程中建立起不同学科的关联，还能促进他们在复杂情境下的知识迁移能力。通过多学科视角的引入，学生可以更好地理解各学科之间的互补性和协同性，从而在未来的职业生涯中更有效地应用所学知识，解决跨领域的挑战。

建立跨学科课程的评估机制，确保学生在多学科知识掌握和应用能力方面的全面发展，是跨学科课程体系成功的关键。评估机制应包括多样化的评估方式，如项目报告、案例分析和团队合作等，以全面考查学生的学习成果。通过多样化的评估方式，不仅能够更准确地反映学生的学习成效，还能促进他们在多学科背景下的合作与交流能力。评估结果应反馈到课程设计中，以不断优化课程内容和教学方法，确保课程体系的持续改进。

鼓励教师跨学科合作，共同设计和实施课程，以提高教学质量和学生的学习体验，是跨学科课程体系成功实施的重要保障。教师在跨学科合作中可以分享各自的专业知识和教学经验，形成更具创新性的课程设计。同时，教师之间的合作也为学生树立了良好的合作榜样，激励他们在学习过程中积极参与团队活动。通过跨学科的教师合作，课程设计能够更好地反映多学科的融合特性，提升教学质量和学生的学习效果。

二、师资队伍的多样化与高端化

（一）引进不同学科背景的教师

在高等教育管理学科的建设中，引进不同学科背景的教师是实现师资队伍多样化和创新性的关键步骤。不同学科背景的教师不仅带来多元化的知识和视角，还能够促进跨学科的研究与合作。这种多样化的师资队伍，有助于打破学科壁垒，推动学科的交叉融合，进而提升学科的整体竞争力。此外，教师的多元背景也为学生提供了更为广阔的学习视野和更丰富的学习资源，使学生在学习过程中能够接触到不同领域的前沿知识和研究方法。

引进具有国际视野的教师是促进学科全球化发展的重要途径。具有国际视野的教师不仅能够将国际先进的教学理念和研究方法引入课堂，还能够帮助学生了解全球高等教育发展的最新趋势和动态。这种国际化的教学环境，有助于培养学生的全球化思维和国际竞争力，使其在未来的职业发展中更具优势。此外，国际化的师资队伍还能够促进学科与国外高校和研究机构的合作，为学科的国际化发展提供坚实的基础。

鼓励具有实践经验的教师参与教学，能够显著增强课程的实用性和应用性。实践经验丰富的教师能够将理论知识与实际应用相结合，为学生提供更加生动和实际的学习体验。这不仅能够提高学生的学习兴趣和动机，还能够帮助学生更好地理解和掌握所学知识与实际应用技能。此外,实践经验丰富的教师还能够为学生提供职业发展建议和指导,帮助学生更好地规划职业生涯。

吸纳来自不同学术领域的专家,能够丰富学科的多样性和创新性。不同领域的专家带来不同的研究视角和方法,能够为学科注入新的活力和创新动力。这种多样化的学术环境,有助于推动学科的创新发展,提升学科的学术影响力和竞争力。此外,吸纳不同领域的专家还能够促进学科之间的合作与交流,为学科的发展提供更多的机会和可能性。

(二)高层次人才的吸引与培养

吸引和培养高层次人才是推动高等教育管理学科发展的关键环节。高层次人才的吸引需要建立有效的激励机制。提供有竞争力的薪酬和福利是吸引优秀人才的基础。通过分析国内外高等教育机构的经验,我们发现竞争力强的薪酬政策不仅能吸引人才加盟,还能在一定程度上激发其工作积极性。此外,福利政策的灵活性和多样化也在吸引人才方面发挥着重要作用。建立一个以人才为中心的激励体系,能够有效吸引并留住高层次人才,为学科建设注入新的活力和动能。

为了促进高层次人才的长期留任,设立职业发展通道是必不可少的。明确的晋升机制和职业规划支持有助于人才在职业生涯中看清前进方向,并为之努力。许多综合性大学通过建立透明的晋升标准和途径,帮助高层次人才在职业发展中保持动力。职业规划不仅涉及学术职称的晋升,还包括管理能力的提升和跨学科合作的机会。通过这种方式,人才不仅能在学术上有所建树,还能在管理和组织能力上得到提升,从而在学科建设中发挥更为重要的作用。

定期开展高层次人才培训与发展项目是提升人才专业能力和管理水平的重要手段。通过这些项目,人才可以获得最新的学术动态和管理知识,增强其在学科建设中的贡献。培训项目的设计应注重实用性和前瞻性,结合学科发展的实际需求和未来趋势。通过案例分析和实践训练,人才可以在真实情景中锻炼解决问题的能力。此外,培训项目还应关注国际化视野的培养,鼓励人才参与国际学术交流,以拓宽其学术视野和影响力。

交流与合作平台的建立是高层次人才发展的重要支撑。通过这些平台,人才可以参与国内外学术活动和项目合作,拓宽学术视野和影响力。交流与合作平台不仅为人才提供了展示和交流的机会,还促进了不同学科之间的交叉和融合。通过参与国际合作项目,人才可以了解全球学术界的发展动态,提升自身的研究水平和创新能力。这样的交流合作不仅有利于个人发展,也为学科建设带来了新的视角和思路。

(三)教师团队的合作与交流机制

建立定期的教师团队会议机制是促进教师之间经验分享与教学方法交流的关键措施。这种机制可以为教师提供一个开放的平台,讨论教学中的挑战和创新,通过集体智慧的汇聚,提升整体教学质量。通过定期的会议,教师们能够及时应对教学过程中出现的问题,并分享各自的成功经验,形成良好的合作氛围和团队文化。

设立跨学科的教师合作项目是推动学科间协作的重要途径。通过鼓励教师共同开发课程和研究课题,不仅能够打破学科壁垒,还能激发教师的创造力与创新思维。这种合作模式有助于培养学生的综合能力,使他们能够在复杂多变的社会环境中游刃有余。此外,跨学科合作项目也为教师提供了更多的学术交流机会,促进了不同学科之间的深度融合与知识共享。

搭建在线平台是实现教师之间知识快速传播与共享的有效手段。通过在线平台,教师可以方便地发布教学资源、分享研究成果,促进知识的广泛传播。这种平台化的交流方式不仅提高了教师间的沟通效率,还为教师提供了一个持续学习与提升的空间。在线平台的使用,使教师能够随时随地获取最新的教学资源和研究动态,增强了教学的灵活性与适应性。

组织教师培训与研讨会是提升教师跨学科教学能力和团队合作意识的重要举措。通过系统化的培训和研讨,教师能够掌握最新的教学理念和方法,增强其教学的创新性与有效性。同时,研讨会也为教师提供了一个相互交流与学习的机会,促进了团队的凝聚力与合作精神。通过这种方式,教师不仅能够在专业上不断成长,还能在团队中发挥更大的作用。

三、科研创新的协同与突破

(一)产学研合作的创新模式

为确保高校、企业和研究机构之间的利益共享与资源整合,建立多方参与机制显得尤为必要。这种机制不仅能促进各方的紧密合作,还能有效提升合作的效率和质量。通过这种合作模式,参与各方可以在共享资源的基础上,充分发挥各自的优势，共同推动科技创新和成果转化。与此同时，灵活的合作项目管理模式也在不断探索中，以适应不同领域的需求和变化。这种灵活性不仅有助于提升合作效率，还能使合作项目更具适应性和创新性，从而满足快速变化的市场需求。

为了进一步提升产学研合作的实际效果，高校教师被鼓励参与企业的实际项目。这一举措不仅能提升教师的实践经验，还能使教学内容更加贴近现实应用，促进知识的有效转化。通过与企业的紧密合作，教师能够更好地理解行业需求，将这些经验和知识反馈到课堂中，从而提升学生的学习效果和就业竞争力。此外，设立产学研合作的专项基金也是促进创新项目立项与实施的重要手段。专项基金的设立不仅能为各方提供必要的资金支持，还能激励各方积极参与合作，推动创新项目的顺利开展。

在产学研合作的过程中，建立成果转化的评价体系是确保科研成果在实际应用中有效推广与应用的关键。通过科学合理的评价体系，可以更好地衡量科研成果的实际价值和应用潜力，从而增强合作的可持续性。这一体系的建立，不仅能促进科研成果的有效转化，还能为后续的合作提供有力的支持和保障。通过不断完善和优化评价体系，产学研合作的各方可以更好地实现共同发展的目标，为推动高等教育管理学科建设的多样化实践提供坚实的基础。

（二）重大科研项目的组织与实施

重大科研项目的组织与实施在高等教育管理学科建设中具有举足轻重的地位。项目的成功与否不仅影响学科的发展，还关乎整个大学的科研水平和社会影响力。因此，明确重大科研项目的选题标准与评估机制是至关重要的。选题应具备科学性与前瞻性，以确保研究方向的正确性和创新性。这需要建立一套严格的评估机制，通过多层次的专家评审和同行评议，确保项目的科学价值和社会意义得到充分体现。

为了提高重大科研项目的协同效率，建立跨学科的项目管理团队是必不可少的。团队成员来自不同的学科背景，各自承担不同的分工与职责。这种多元化的团队构成不仅能够激发创新思维，还能在项目实施中实现资源的最优配置。明确的职责分工和有效的沟通机制是团队合作的关键，它们能够确保项目各个环节的高效衔接与顺畅运行，从而提高项目整体的执行效率。

制订详细的项目实施计划是确保重大科研项目按时完成的重要步骤。计划中应包括明确的时间节点、合理的资源配置和完善的风险管理策略。通过设定具体的时间节点，项目团队可以更好地掌控项目的进度，及时发现并解决潜在的问题。资源配置则需根据项目的具体需求进行合理分配，以保证各项研究活动的顺利开展。风险管理策略则为项目的顺利实施提供了保障，帮助团队在面临突发情况时能够迅速反应并采取有效措施。

设立定期的项目进展汇报机制是促进各方沟通与信息共享的有效手段。在项目实施过程中，定期的汇报能够让团队成员及时了解项目的最新进展，发现问题并进行调整。同时，这种机制也为项目的策略调整提供了依据，使项目能够在动态变化的环境中保持灵活性与适应性。通过有效的沟通与信息共享，项目团队能够更好地协同工作，提高整体的执行效率。

（三）科研成果的转化与应用

科研成果的转化与应用不仅是高校科研能力的体现，更是推动社会经济发展的关键环节。科研成果的转化涉及从实验室到市场的复杂过程，需要多方协同努力。首先，科研成果应从学术研究中提炼出可行的应用价值，并通过技术转让、专利申请等方式实现初步转化。其次，科研人员需具备市场意识，了解技术需求与市场趋势，以确保科研成果在实际应用中能够满足市场需求。这种转化不仅需要技术上的创新，更需要管理上的创新，形成一套完整的转化与应用机制。

科研成果的市场需求分析与定位是成果成功转化的基础。高校应建立专门的市场调研团队，深入分析市场需求，识别潜在的技术应用领域。通过对市场的细致分析，高校可以明确科研成果的市场定位，确保其能够满足产业界的实际需求。此外，市场需求分析还应考虑国内外市场的差异，确保科研成果在不同市场环境下的适用性。通过精准的市场定位，科研成果能够更有效地进入市场，产生经济效益和社会影响。高校在进行市场需求分析时，还需与企业紧密合作，获取第一手的市场信息和反馈。

构建科研成果与产业界的对接平台是实现科研成果转化的关键步骤。高校应积极搭建产学研合作平台，促进科研成果与企业的有效对接。这种平台不仅可以为企业提供技术支持，还可以为科研人员提供产业化的实践机会。通过定期举办技术交流会、项目对接会等活动，高校能够为科研成果的转化创造更多的机会。此外，建立长期的合作机制，可以促进高校与企业之间的深度合作，实现科研成果的持续转化与应用。这样的对接平台也有助于培养学生的实践能力，提升其就业竞争力。

制定科研成果转化的激励机制与收益分配方案是促进科研人员积极参与转化活动的有效手段。高校可以通过设立专项奖励基金、提供转化项目资助等方式，激励科研人员将成果应用于实际。合理的收益分配方案也是激励科研人员的重要因素。高校应在保障科研人员利益的同时，兼顾学校和社会的整体收益。通过透明、公正的收益分配机制，科研人员的积极性能够被充分调动，从而促进更多科研成果的转化与应用。

开展科研成果转化的培训与推广活动是提升科研人员转化能力的重要途径。高校应定期组织相关培训课程，提升科研人员的市场意识和转化能力。这些培训可以包括技术转移、市场营销、知识产权管理等方面的内容。此外，高校还应积极开展科研成果的推广活动，通过各种渠道向社会展示科研成果的应用价值。通过培训与推广活动，科研人员不仅能够提升自身能力，还可以扩大科研成果的影响力，推动其在更广泛领域的应用。这样的活动也有助于提升高校的社会声誉和影响力。

四、人才培养的个性化与全面化

(一)多样化的专业选择与辅修制度

建立一个多样化的专业选择体系，允许学生根据个人兴趣和职业发展需求自由选择主修和辅修专业，不仅能够增强学习的灵活性和个性化，还能满足学生多元化的发展需求。这种制度的实施需要大学在课程设置上具有较高的开放性和灵活性，允许学生在不同学科之间自由切换，最大限度地发挥其潜力和创造力。

设立跨学科辅修课程是实现多样化教育的重要途径。通过鼓励学生在主修专业的基础上选择与之相关或互补的辅修课程，可以有效拓展学生的知识面和技能组合。这种跨学科的学习模式不仅能提高学生的综合素质，还能培养其解决复杂问题的能力。跨学科辅修课程的设置需要综合考虑各学科之间的关联性和互补性，以确保学生能够在不同学科的交叉点上获得新的视角和创新能力。

实施学分互认政策是促进学生在多学科领域进行学习与探索的重要措施。通过使不同学科之间的课程能够相互承认学分，学生可以更加灵活地安排自己的学习计划，选择自己感兴趣的课程进行深入学习。学分互认政策的实施需要各院校之间的密切合作和协调，以确保学生在不同学科和院校之间的学分转换顺利进行，从而支持学生的多元化学习需求。

提供专业咨询服务是帮助学生合理规划专业选择与辅修方向的重要手段。通过专业咨询，学生可以根据自身特点和市场需求，制订出合理的学习计划，提高其就业竞争力。专业咨询服务的质量直接影响到学生的专业选择和职业发展，因此，大学应配备经验丰富的专业咨询师，为学生提供个性化的指导和建议，以支持其长远发展。

开展多样化的职业发展活动，如职业讲座和实习，是激发学生选择多样化专业积极性的有效方式。通过这些活动，学生能够更好地了解各个专业的职业前景，从而在选择专业时做出更为明智的决策。职业发展活动的多样性和实践性不仅能够提升学生的职业素养，还能为其未来的职业生涯打下坚实的基础。

（二）综合素质培养的课程与活动

在综合性大学的学科建设中，综合素质培养的课程与活动扮演着至关重要的角色。这些课程和活动不仅关注学生的学术发展，还注重培养其解决实际问题的能力。通过跨学科的实践性项目，学生能够在真实情景中应用所学知识。这种实践导向的教育模式不仅提升了学生的分析能力和批判性思维，还为他们提供了一个将理论与实践相结合的平台。跨学科项目的设计要求学生在不同领域的知识间架起桥梁，从而培养其综合运用多学科知识的能力，这对于未来的职业发展具有重要意义。

此外，多元文化交流活动的开展也是综合素质培养的重要组成部分。这些活动通过引入不同文化背景的视角，拓宽了学生的国际视野，提升了其多元文化沟通能力。在全球化的背景下，具备多元文化交流能力已成为当代大学生必备的素质之一。通过参与国际交流项目、文化节以及语言交换等活动，学生不仅能更好地理解和尊重多样性，还能提高其在国际环境中的适应能力和沟通技巧。这种多元文化的学习经历为学生的个人发展和职业生涯规划提供了广阔的视野。

引入领导力与团队合作训练课程也是综合素质培养的关键环节之一。团队合作和领导能力在现代职场中尤为重要，这些课程通过模拟真实的团队合作情境，帮助学生在小组合作中锻炼领导能力与协作精神。学生在这些课程中学习如何有效地沟通、分配任务和解决冲突，从而提升其团队工作能力。领导力课程不仅仅是培养领导者，更是培养每名学生在团队中发挥最大潜力的能力，使其在未来的职业道路上更具竞争力。

创新思维与创业实践课程则旨在激发学生的创造力和动手实践能力。这些课程通过鼓励学生进行创意发掘与项目实践，培养其创新能力。这种课程设计不仅关注学生的创新意识，还提供了具体的工具和方法来实现创新想法。通过参与创业比赛、项目孵化和创新工作坊，学生能够在实践中不断完善自己的创意，提升其实践动手能力。这种创新导向的教育模式为学生的职业生涯提供了更多可能性。

(三)个性化的学业指导与职业规划

为了满足学生多样化的发展需求,建立个性化学业指导体系显得尤为必要。通过针对学生的兴趣和能力提供定制化的学习计划,确保每位学生都能获得适合自己的发展方案,这不仅提高了学习效率,也增强了学生的自我认同感。在此过程中,学业指导体系需要不断更新和完善,以适应快速变化的教育环境和社会需求。通过这种方式,学生能够在学术和职业发展上获得更为全面的支持,从而在未来的职业生涯中脱颖而出。

为了进一步提升学生的职业规划能力,综合性大学通常会开展职业规划工作坊。这些工作坊旨在帮助学生了解不同职业领域的要求与发展趋势,并提供实用的职业规划工具和资源。通过参与这些活动,学生能够更好地认识自身的优势和兴趣,并将其与职业选择相结合。此外,职业规划工作坊还为学生提供了一个与行业专家直接交流的平台,使他们能够获得第一手的行业信息和建议。这种实践不仅增强了学生的职业意识,也为他们的职业生涯奠定了坚实的基础。

实施导师制是个性化学业指导与职业规划的重要组成部分。每位学生被分配一名学业导师,定期进行一对一的学业与职业发展指导。这种个性化的指导方式能够有效增强学生的学习动力与职业认知。导师不仅在学术上给予学生指导,还在职业选择和发展上提供建议。这种长期的指导关系有助于学生在学术和职业道路上做出明智的决策,并在遇到困难时获得及时的支持。通过导师制的实施,学生能够在大学阶段更好地规划自己的未来。

在个性化学业指导中,利用数据分析技术来跟踪学生的学习进度与职业发展情况是必不可少的。这些技术能够帮助高等教育管理者及时调整个性化指导方案,以满足学生不断变化的需求。通过数据分析,学校可以准确识别学生在学习和职业发展中的瓶颈,并提供针对性的解决方案。这种动态调整的指导方式不仅提高了个性化指导的有效性,也使学生能够更好地适应快速变化的社会环境。

五、国际交流与合作的广泛开展

(一)国际合作办学项目的推进

国际合作办学项目的推进在高等教育管理中扮演着至关重要的角色。通过建立国际合作办学项目的标准化流程，综合性大学能够确保项目的质量与可持续性。这一标准化流程不仅包括项目的立项、实施、评估等环节，还涉及各方参与者的职责分工与合作方式的明确界定。标准化流程的建立，有助于减少项目实施中的不确定性，提高项目管理的效率与效果。此外，标准化流程为项目的复制与推广提供了可行的参考框架，使成功的国际合作经验能够在更大范围内共享与应用。

开展多样化的国际交流活动，是促进学生与教师跨国学习与合作的重要途径。通过参与国际研讨会、学术交流项目和跨国研究合作，学生和教师能够在全球视野下拓展其学术和专业技能。这种多元文化的交流与合作，不仅提升了参与者的国际理解力和适应力，也为综合性大学的学科建设注入了新的活力与动力。国际交流活动的多样化，能够更好地满足不同学科、不同层次的需求，促进学术思想的碰撞与融合，推动学科的创新发展。

构建国际合作网络，增强高校之间的联系与资源共享，是提升学术影响力的重要手段。综合性大学通过与国际知名高校、研究机构建立紧密的合作关系，能够实现资源的共享与互补，提升自身的学术竞争力。国际合作网络的构建，不仅有助于学术资源的优化配置，也为大学的教师与学生提供了更多的国际学习与研究机会。通过合作网络，大学能够更好地参与国际学术交流与合作，提升自身在国际学术界的影响力与话语权。

推动国际化课程的开发，确保课程内容符合国际教育标准，是增强学生全球竞争力的关键。国际化课程的开发，不仅要求课程内容的国际化，还包括教学方法、评估方式的国际接轨。通过引入国际先进的教育理念与教学方法，综合性大学能够培养出具有国际视野与竞争力的人才。国际化课程的设置，能够更好地满足学生未来职业发展的需求，提升其在全球就业市场中的竞争力。通过国际化课程的开发与实施，大学能够为学生提供更加丰富的学习体验与发展机会。

(二)师生国际交流的拓展

在全球化背景下，综合性大学通过多样化的国际交流渠道，积极拓展师生的国际交流。首先，建立多样化的国际交流项目至关重要。通过鼓励师生参与国际会议与学术交流活动，学校不仅提升了师生的国际视野，同时也增强了自身的学术影响力。这些活动为师生提供了一个展示和交流的平台，使他们能够与全球顶尖学者进行思想碰撞，促进学术进步。

此外，设立国际交流奖学金，是支持优秀学生和教师赴海外学习与研究的重要举措。通过这一机制，学校不仅促进了学术合作和文化交流，也为师生提供了宝贵的国际化学习和研究机会。这些奖学金项目帮助学生和教师在全球各地的学术机构进行深造，进一步提升其专业能力和学术水平。

开发双学位与联合培养项目，为学生提供了更广阔的学习选择与国际化教育体验。这些项目不仅增强了学生的全球竞争力，还为他们提供了在不同文化和教育体系中学习的机会。通过这样的项目，学生能够在不同的学术环境中接受教育，从而培养出更为全面的视野和能力。

(三)国际学术影响力的提升

通过建立国际学术合作网络，综合性大学能够更有效地促进高水平研究成果的共享与传播。这种合作网络不仅为学者提供了一个广阔的交流平台，还能有效提升学校的学术影响力。在全球化背景下，学术合作的多样性和广泛性成为衡量一所大学国际影响力的重要指标。通过与国际知名院校和研究机构的合作，大学能够吸引更多优秀的研究人员和学生，从而进一步推动学术研究的创新与发展。

积极参与国际学术会议是提升学术声誉与国际认可度的重要途径。这些会议为研究人员提供了展示其最新研究成果的机会，并能与全球同行进行深入交流和讨论。通过在国际舞台上的积极表现，大学不仅可以提高自身的学术地位，还能获得更多的国际合作机会。此外，参与国际学术会议还能帮助学者了解学科发展的前沿动态，启发新的研究思路，进而推动本校学科建设的进一步发展。

推动国际期刊的投稿与编辑参与是提高学术论文国际发表率的有效手段。通过鼓励研究人员积极向国际知名期刊投稿，大学可以提高其研究成果的国际可见度和影响力。同时，参与国际期刊的编辑工作也能为学者提供一个了解国际学术标准和趋势的平台。通过这种方式，大学不仅能够提升自身在国际学术界的声誉，还能为全球学术界贡献更多优质的研究成果。

开展跨国研究项目是提升研究深度与广度的有效方式。通过汇聚多国专家的智慧与资源，大学能够在更广泛的背景下进行深入的学术研究。这种合作不仅能带来新的研究视角和方法，还能促进不同国家之间的学术交流与文化融合。跨国研究项目的成功实施，往往能够为大学赢得更高的国际声誉，并为其在全球学术界的地位提升提供有力支持。

第二节 理工科院校的学科建设特色

一、学科建设与工程实践的紧密结合

(一)实践教学环节的强化

课程设计的核心在于确保课程内容与行业需求紧密对接,以提高学生的实际操作能力。通过深入分析行业和技术发展趋势,课程设置不断更新,以匹配现代工程领域的实际需求。这种动态调整不仅使学生在校期间就能接触到前沿技术,还能在毕业后迅速适应职业环境,缩短从学校到工作的过渡期。

在实践教学中,引入企业导师参与教学过程是增强学生职业技能与行业适应能力的重要举措。企业导师带来的不仅是丰富的实战经验,还有对行业最新动态的深入理解。他们通过提供真实项目指导,使学生能够在模拟真实工作环境中锻炼自己的专业技能。这种直接的行业接触有助于学生更好地理解理论知识,提高理论知识的实际应用能力,并为其未来的职业发展奠定坚实基础。

建立校内外实践基地为学生提供了丰富的实习机会,这对理论知识与实践经验的结合起到了关键作用。通过与企业合作,学校能够为学生提供多样化的实践场所,使他们在不同的环境中接受锻炼。这种多样化的实践经历不仅提升了学生的专业技能,也增强了他们的适应能力,使其能够在不同的职业场景中游刃有余。

实施项目驱动学习是培养学生团队合作能力和解决问题能力的有效方法。通过实际项目的开展,学生们在团队中分工合作,共同面对和解决问题。这种学习模式不仅锻炼了学生的沟通和协作能力,也提升了他们的创新思维和问题解决能力。在项目的推动下,学生们能够将所学的理论知识应用于实际问题的解决,进一步深化他们的学习体验。

(二)产学研合作的深度融合

产学研合作的深度融合是推动高等教育管理学科建设的重要举措。建立长效机制,确保高校、企业和研究机构之间的紧密合作,能够实现资源的高效配置与共享。定期的沟通与协调不仅有助于各方在项目中的目标一致性,还能促进合作的持续深化。为了更好地实现这一目标,理工科院校应着重开发针对特定行业需求的联合研究项目。这种合作模式不仅能促进高校与企业的深度合作，还能加速科研成果的市场化应用，提升高校在社会服务中的贡献度。

为了保证产学研合作的有效性，设立评估体系是必不可少的。通过对合作项目的实施效果进行定期评估，可以及时发现问题并优化未来的合作策略与方向。评估体系的建立需要考虑多方面的因素，包括项目的创新性、市场需求的契合度以及合作各方的满意度等。这样的评估不仅能为合作提供反馈，还能为未来的合作提供有力的指导，确保产学研合作的可持续发展。

鼓励高校教师参与企业的实际项目是提升教学内容现实性的重要手段。通过这种方式，教师不仅能够将理论与实践相结合，丰富教学内容，还能促进知识的转化与应用。这种双向互动有助于培养学生的实践能力和创新思维，使其更好地适应社会发展的需要。同时，企业也能从中获得新的视角和解决方案，形成双赢的局面。

为了激励各方积极参与合作与创新，建立产学研合作的创新基金是一个有效的措施。创新基金的设立可以为具有潜力的研究项目提供资金支持，激励高校、企业和研究机构共同投入到创新活动中。通过这种方式，不仅能推动更多有价值的研究成果诞生，还能促进产学研合作的进一步深化，增强高校在社会创新体系中的作用。

二、科技创新的引领与应用

(一)前沿技术研究与创新成果

在理工科院校中，前沿技术研究与创新成果的取得是学科建设的重要组成部分。科技创新不仅推动了学术研究的前进，也为教育领域带来了深远的影响。前沿技术的研究，尤其是在信息技术、材料科学和生物工程等领域，成为提升学校科研水平和社会影响力的关键。通过不断探索和实践，理工科院校在前沿技术的研究上取得了显著的成果，为学生提供了丰富的学习资源和实践机会。这些创新成果不仅体现在学术论文和专利的数量上，更在于其对教学创新发展的实际推动作用。

前沿技术在教育领域的应用研究，特别是人工智能和大数据分析，极大地提升了教学效果与管理效率。人工智能技术的引入，使个性化学习成为可能，通过分析学生的学习行为和成绩数据，教师可以更精准地制订教学计划，满足不同学生的学习需求。同时,大数据分析在高等教育管理中的应用,也使学校的资源配置和决策更加科学化和高效化。通过这些技术的应用,理工科院校不仅提高了教学质量,也增强了自身的竞争力。

新兴材料与技术在工程教育中的实践应用,推动了学生对现代科技的理解与运用能力。通过在课程中引入最新的材料科学研究成果,学生能够更好地理解材料的性质和应用场景。这不仅拓宽了他们的知识面,也增强了他们在实际工程项目中的应用能力。工程教育的目标在于培养具备创新能力和实践技能的工程师,而新兴材料与技术的应用正是实现这一目标的重要途径。

虚拟现实与增强现实技术在实验教学中的创新应用,极大地提升了学生的实践体验与学习兴趣。通过虚拟现实技术,学生可以在虚拟环境中进行实验操作,体验真实实验中可能遇到的各种情况,这不仅提高了实验教学的安全性,也激发了学生的学习兴趣。增强现实技术则为学生提供了更加直观和互动性的学习体验,使复杂的理论知识变得生动和易于理解。

跨学科技术项目的研究与开发,促进了学生综合运用多种技术解决实际工程问题的能力。在理工科院校中,跨学科项目的开展是培养学生综合能力的重要方式。通过参与这些项目,学生不仅掌握了多学科的知识,还锻炼了他们的团队合作和项目管理能力。这种跨学科的学习模式,不仅符合现代工程教育的发展趋势,也为学生的职业发展提供了更广阔的空间。

智能化实验室的建设与管理,是提升科研效率与学生实验技能的重要举措。智能化实验室通过自动化设备和信息系统的应用,提高了实验室的管理效率和实验的准确性。学生在这样的环境中进行实验,不仅提高了他们的实验技能,也增强了他们对智能化设备的理解和操作能力。这种现代化的实验环境,为学生的学习和科研提供了有力的支持,也为学校的学科建设增添了新的活力。

(二)科技成果在工业领域的应用

科技成果在工业领域的应用是推动现代工业发展的重要力量。通过将科技创新融入生产实践,企业能够显著提升生产效率。自动化和智能化技术的引入,使生产流程更加快速和高效。以自动化流水线为例,它不仅减少了人工操作的误差,还大幅提高了生产速度和产品质量的稳定性。这种技术的应用,不仅节省了人力成本,还提升了整体生产效率,为企业带来了显著的经济效益。

新材料的研发与应用是工业领域科技进步的另一重要体现。通过新材料的使用,企业能够制造出性能更优越的产品。比如,轻质高强度材料的研发,使产品在保持强度的同时，质量显著减轻。这不仅提高了产品的市场竞争力，还拓宽了其应用领域。新材料的应用不仅推动了产品性能的提升，还为企业在全球市场中赢得了更多机遇，形成了技术壁垒，增强了市场竞争力。

智能化设备的引入，使工业生产过程中的数据收集与分析更加精准。这种变化提高了企业决策的科学性和实时性，帮助企业在瞬息万变的市场环境中做出更明智的选择。通过对生产数据的实时监控和分析，企业能够及时发现生产过程中的问题并迅速采取措施加以调整，从而减少损失，提高生产效率。这种基于数据驱动的决策方式，是现代工业管理的重要特征。

科技成果的转化是企业技术升级的重要途径。通过引入新技术，企业能够在市场竞争中保持领先地位。技术的不断更新不仅推动了生产效率的提升，还促进了产品的创新和市场的拓展。企业通过技术升级，不断提升自身的核心竞争力，确保在激烈的市场竞争中立于不败之地。这种技术转化能力，已成为衡量企业创新能力的重要指标。

跨学科的技术应用为企业解决复杂的工程问题提供了新的思路和方法。通过多学科的交叉融合，企业能够开发出更具创新性的产品，并提高市场适应性。这种跨学科的应用，不仅提升了产品的创新能力，还促进了企业内部的协同合作，形成了良好的创新生态系统。这种多样化的技术应用，已成为企业应对复杂市场环境的重要策略。

三、师资队伍的工程背景与实践能力

（一）招聘具有企业工作经验的教师

招聘具有企业工作经验的教师是理工科院校学科建设中的一项重要策略。这些教师不仅能够在教学中将理论与实践紧密结合，还能够使课程内容更贴近行业需求。通过引入企业经验丰富的教师，学校可以在课程设计中融入最新的行业动态和技术发展趋势，使学生在学习过程中接触到更真实的行业环境和实际应用场景。这种结合不仅有助于学生理解复杂的理论知识，还能激发他们的学习兴趣，提高学习效果。

具有实践经验的教师在课堂上能够有效指导学生进行项目驱动学习。这种学习方式强调学生在真实项目中应用所学知识，解决实际问题。教师凭借其丰富的企业经验，能够为学生设计更具挑战性和现实意义的项目任务，并在项目实施过程中提供专业指导。这种教学方法不仅提升了学生的实践能力，也培养了他们的创新思维和团队合作精神，使他们在毕业后能够迅速适应工作环境，成为行业中的优秀人才。

此外，招聘企业工作经验丰富的教师还可以帮助学校建立良好的校企合作关系。通过教师的企业网络，学校能够更容易地与企业建立联系，开展合作项目。这种合作不仅促进了资源共享与信息交流，还为学生提供了更多的实习和就业机会。校企合作的深化，为学校带来了更多的资源支持，有助于提升学科建设的整体水平和学科的社会影响力。

教师的企业经验能够为学生提供职业发展建议，提升学生的就业竞争力和职业适应能力。教师可以根据自身的行业经验，帮助学生制定合理的职业规划，并为他们提供个性化的就业指导。通过分享自己的职业经历和行业见解，教师能够帮助学生更好地理解行业发展趋势和职业要求，从而在求职过程中更加自信和从容。这种职业指导不仅提高了学生的就业率，还增强了他们在职场中的发展潜力。

（二）教师的企业挂职与实践锻炼

教师的企业挂职与实践锻炼在理工科院校的学科建设中扮演着至关重要的角色。通过直接参与企业的实际项目，教师能够深入了解行业动态和市场需求。这种实践经验不仅可以帮助教师更新其专业知识，还能使其更好地理解企业运作的实际情况，进而在教学中融入更具时代感和实用性的内容。这种实践经历使教师能够将理论与实际结合，提升课程的教学质量和学生的学习效果。

企业挂职还为教师提供了一个将最新行业技术和管理经验带回课堂的机会。这种双向的知识流动，不仅丰富了教学内容的实用性，还增强了课程的前瞻性，使学生能够接触到行业最前沿的发展和技术。这种更新和提升对于培养学生的创新能力和适应未来职业市场的能力至关重要，能够帮助学生在激烈的市场竞争中脱颖而出。

此外，教师在企业的实践经历也使其能为学生提供真实的职业发展方向和职业规划建议。通过分享自身的实践经验，教师能够帮助学生更好地理解行业需求了解职业发展方向。这种职业指导可以增强学生的职业意识，帮助他们在职业选择和职业发展上做出更为明智的决策，从而更好地适应未来的职业市场。

企业挂职还为教师提供了一个与行业专家和企业高等教育管理者互动的机会。这种互动不仅促进了学术界与行业之间的知识交流与合作，还为教师的科研提供了新的视角和灵感。通过与行业的紧密联系，教师能够更好地了解行业需求，从而在科研选题和研究方向上更具针对性和实用性。

（三）双师型教师队伍的培养

双师型教师不仅拥有扎实的理论基础，还具备丰富的实践经验，这使他们能够在教学与实践之间架起一座桥梁。双师型教师的定义不仅涵盖学术领域的教学能力，还包括其在实际工程项目中的操作能力和行业经验。他们的角色定位强调了在培养学生实践能力和理论知识之间的平衡，为学生提供了更为全面的教育体验。

培养双师型教师队伍需要建立系统的机制，包括科学的选拔、全面的培训和明确的职业发展方向。选拔过程中，重点在于识别那些具备潜力的教师，他们不仅要在学术上表现出色，还需展现出对行业实践的浓厚兴趣。培训则需要涵盖最新的行业技术、教育方法以及跨学科的知识，以确保教师能够紧跟行业发展趋势。职业发展方向的设定需要考虑教师在学术界和工业界的双重发展需求，为其提供多样化的职业成长机会。

提升双师型教师的实践教学能力是一个持续的过程，重点在于将实践经验与教学方法相结合。教师需要不断更新自己的实践技能，通过参与行业项目、校企合作等方式获取最新的行业动态和技术应用。这种实践经验的积累不仅提升了教师的教学质量，也为学生提供了更为真实的学习场景，使他们能够更好地将理论应用于实践。

双师型教师的行业联系与合作网络建设是其职业发展的重要组成部分。通过与企业的紧密合作，教师能够获取最新的行业信息，并将其融入教学中，促进校企资源的共享与互动。这种网络的构建不仅有助于教师自身的职业发展，也为学生提供了更多的实习和就业机会，帮助他们更好地理解行业需求。

四、学科专业的特色与优势

（一）优势工科专业的重点发展

在理工科院校中，优势工科专业的发展是学科建设的重要组成部分。工科专业的设置应紧密结合行业需求，以提升学生在就业市场上的竞争力和实践能力。课程设置的设计需要考虑到行业的最新动态和技术发展趋势，确保学生在学习过程中不仅掌握理论知识，还能具备实际操作技能。这种结合能够使学生在毕业后迅速适应工作环境，满足企业的用人需求。

为了实现这一目标，理工科院校应积极强化与企业的合作关系。通过与行业领先企业共建实验室和工程中心，学校可以为学生提供实践训练和科研项目的机会。这种合作模式不仅有助于学生将课堂所学应用于实际问题，还能促进科研成果的产业化和市场化。企业的参与也为学校的科研方向提供了现实的反馈，帮助教育机构调整和优化其研究重点。

跨学科的创新项目是培养学生综合能力的重要途径。现代工程问题往往涉及多个学科的知识，理工科院校需要鼓励学生在解决这些复杂问题时，运用跨学科的方法。通过参与这些创新项目，学生不仅能够提高其技术技能，还能培养批判性思维和创造力。这种教育模式有助于培养出适应性强、具有创新能力的工程人才。

工程实践与理论教学的深度融合是提升学生能力的另一关键因素。通过项目驱动学习，学生在团队合作中获得解决实际问题的经验。这种教学方法强调学生在动手实践中学习理论，并通过团队合作提高沟通和协作能力。项目驱动学习能够激发学生的学习兴趣，增强其动手能力和创新意识。

（二）新兴工科专业的培育与探索

随着科技的飞速发展和市场需求的不断变化，传统的工科专业已经难以完全满足现代社会的需求。因此，理工科院校在新兴工科专业的培育上投入了大量精力，通过创新课程设计和教学模式，培养适应未来社会发展的复合型人才。这一过程不仅需要对技术前沿的敏锐洞察力，还要求教育者具备系统的规划能力，以确保新兴工科专业能够在学术和市场之间找到最佳平衡点。

新兴工科专业课程体系的灵活设计是其成功的关键。为了适应快速变化的技术需求和市场趋势，课程体系必须具备高度的灵活性和适应性。理工科院校通过引入模块化课程结构，使学生能够根据个人兴趣和职业目标选择不同的学习途径。此外，课程内容的更新速度也必须加快，以确保学生始终处于技术发展的前沿。通过这种灵活设计，学生不仅能够掌握当前的技术技能，还能培养出适应未来变化的能力，这对其职业生涯的发展至关重要。

跨学科合作项目的实施在新兴工科专业中扮演着重要角色。这些项目旨在鼓励学生在新兴领域内进行多学科知识的整合与应用。通过跨学科合作，学生能够接触到不同领域的知识和技能，培养出解决问题的综合能力。这不仅有助于拓宽学生的视野，也提高了他们的创新能力和团队合作精神。理工科院校通过跨学科的合作，打破了传统学科的界限，为学生提供了一个更为开放和多元的学习环境。

创新实验室的建设是新兴工科专业发展的重要支撑。实验室提供了前沿技术的实践环境，促进了学生的动手能力与创新思维。在这些实验室中，学生能够将理论知识与实际操作相结合，进行真实的项目开发和实验研究。通过这种实践教学，学生不仅提高了技术操作能力，还培养了创新思维和解决实际问题的能力。理工科院校通过不断完善实验室设施，确保学生能够接触到最新的技术设备和研究成果。

行业专家的参与是新兴工科专业课程设计的重要组成部分。通过邀请行业专家参与课程开发和教学，理工科院校能够确保课程内容与实际应用紧密结合。这种实践导向的教学模式，不仅提升了学生的就业能力，还帮助他们更好地理解行业需求和发展趋势。行业专家的经验和见解，为学生提供了宝贵的职业指导，帮助他们在职业选择和发展中做出更为明智的决策。

创业与创新教育的融合是新兴工科专业的重要特色。理工科院校通过将创业教育融入专业课程中，培养学生的创业意识和实践能力。这种教育模式支持学生在新兴工科领域内的探索与发展，鼓励他们将创新思维应用于实际创业活动中。通过创业项目和实践活动，学生不仅能够锻炼自身的创业能力，还能积累宝贵的实践经验，为未来的职业发展打下坚实基础。

(三)学科专业与区域产业的对接

理工科院校通过与区域产业建立紧密的合作机制，实现了在人才培养、科研项目及技术转化等方面的深度互动。这种合作机制不仅能够为学生提供更为实际的学习和实践机会，还能够促进科研成果的转化和应用，从而提升院校的社会服务能力和影响力。尤其在当前经济全球化和科技飞速发展的背景下，理工科院校需要积极融入区域经济发展，发挥自身的学科优势和特色，助力区域产业的创新和升级。

为了更好地满足区域产业的发展需求，理工科院校需要根据当地市场的实际需求，及时调整和优化学科专业设置。这种调整不仅包括学科门类的增减，还包括课程内容的更新和教学方法的创新。通过这种动态调整，院校可确保培养出的人才能够紧跟市场需求，具备适应力和竞争力。尤其是在高新技术产业和新兴产业快速发展的地区，院校的学科专业设置需要具有前瞻性，能够引领产业的发展方向。这种与区域产业的深度对接,不仅提升了院校的办学质量,也为区域经济发展注入了新的活力。

此外,开展区域产业发展相关的实习与实践项目,为学生提供了真实的工作环境,极大地提升了他们的职业技能和就业竞争力。通过与企业合作,学生能够在实际工作中锻炼和提升自己的能力,了解行业的最新动态和发展趋势。这种实践教学模式,不仅丰富了学生的学习经历,也增强了他们的就业适应性。对于企业而言,通过与院校的合作,也能够提前接触并选拔优秀的人才,为企业的发展储备人力资源。这种双赢的合作模式,成为理工科院校与区域产业对接的重要途径。

五、校园文化的科技氛围营造

(一)科技社团与学术活动的组织

在理工科院校中,科技社团与学术活动的组织是营造校园科技氛围的重要手段之一。通过建立科技社团,学校鼓励学生自主组织与管理这些团体,从而培养学生的领导能力与团队合作精神。这种实践不仅使学生能够在实际操作中锻炼自身的组织管理能力,还促进了他们在学术和科技领域的兴趣与热情。此外,科技社团为学生提供了一个交流和分享的平台,使他们能够在与志同道合者的互动中不断成长。

定期举办学术讲座与研讨会是理工科院校提升学生学术视野的重要措施之一。这些活动邀请行业专家分享前沿技术与研究动态,使学生能够及时了解学科发展的最新趋势。通过与专家的直接交流,不仅可以使学生获得宝贵的学术资源,还能激发他们对未来研究方向的思考和探索。这种学术活动的组织不仅丰富了学生的学术生活,也在无形中提升了学校的学术氛围。

科技创新大赛的组织是激励学生进行项目实践的有效方式。通过参与这些竞赛,学生可以将理论知识应用于实际问题的解决,提升创新思维与实际操作能力。这些大赛为学生提供了一个展示自我和相互学习的平台,鼓励他们在竞争中不断挑战自我,追求卓越。此外,竞赛过程中的团队合作也促进了学生的沟通能力和团队协作精神的提升。

跨学科的科技交流活动在理工科院校中扮演着重要角色。这些活动促进了不同学科学生之间的合作与知识共享,激发了多元化的思维方式。在跨学科交流中，学生能够接触到不同领域的知识和方法，拓宽了学术视野和思维广度。这种多学科的互动不仅有助于培养学生的综合素质，也为他们未来的学术和职业发展奠定了坚实的基础。

(二)科技竞赛与创新大赛的举办

在高等教育管理的多样化实践中，理工科院校的学科建设特色尤为突出，尤其在校园文化的科技氛围营造方面，科技竞赛与创新大赛的举办起到了关键作用。这些竞赛不仅是展示学生创新能力的平台，更是激发学生对科技发展趋势关注的重要途径。通过将竞赛主题与当下科技发展趋势相结合，参赛项目不仅具备前瞻性，还能激励学生关注行业的热点问题。这种结合不仅提升了学生的参与热情，还培养了他们对未来科技方向的敏锐洞察力。

为了进一步提升科技竞赛与创新大赛的吸引力和参与度，设置多样化的奖项显得尤为重要。多样化的奖项设计能够吸引不同学科背景的学生参与，促进跨学科合作与交流。这种多学科的合作不仅拓宽了学生的视野，还提升了整体的参与度，培养了学生的团队协作能力和创新思维。此外，跨学科的交流还为学生提供了一个互相学习和借鉴的平台，有助于培养综合性人才。

科技竞赛的评审机制是确保比赛公正性和专业性的关键。理工科院校在评审过程中通常会邀请行业专家、学术领导和企业代表参与，以多元化的视角对参赛项目进行评估。这种多方参与的评审机制不仅提升了比赛的权威性，也为学生提供了与行业专家直接对话的机会，帮助他们在项目中获得专业的指导和反馈。这种互动为学生的未来发展提供了宝贵的经验积累。

为了确保学生在科技竞赛中的项目能够顺利实施，学校通常会提供充分的资源支持。这些支持包括技术指导、实验设备和资金等，帮助学生在项目实施过程中克服技术和资金上的障碍。通过这些资源的支持，学生能够更专注于项目的创新性和可行性研究，从而提升项目的整体质量。这不仅提高了学生的动手能力，也为他们在未来的科研或创业道路上闯出一片天地打下了坚实的基础。

(三)科技成果展示与交流平台的搭建

在理工科院校中，科技成果展示与交流平台的搭建是提升校园科技氛围的重要举措。建立科技成果展示平台，通过定期组织展示活动，鼓励学生和教师分享其最新的研究成果，不仅可以增强学术交流氛围，还能激励更多的师生参与到科研活动中。这样的活动提供了一个开放的环境，让不同学科背景的研究者能够互相学习、借鉴，从而推动学术水平的整体提升。此外，通过展示活动，学生可以获得更多的实践经验，教师则可以通过反馈不断改进研究方向，形成良性循环。

线上交流平台的搭建也是科技成果展示与交流的重要组成部分。利用现代数字技术，科研人员可以在更大范围内进行互动与合作，从而提升科研的透明度与效率。线上平台不仅打破了时间和空间的限制，使跨校、跨国的合作变得更加便捷，同时也为科研人员提供了一个分享和讨论成果的渠道。通过这样的线上平台，科研人员可以及时获取同行的意见和建议，进而完善自己的研究工作。数字技术的应用为科研的创新性和协同性提供了新的可能性，使学术交流更加多元化。

设立科技成果转化展览会是将科研成果与实际应用相结合的重要方式。通过邀请企业和行业专家参与，展览会为科研成果的市场对接提供了平台。这样的活动不仅可以促进科研成果的实际应用，还能为研究者提供商业化的机会，使科研工作不再仅仅停留在理论层面。企业和行业专家的参与也为科研工作带来了新的视角和需求，这有助于研究人员调整研究方向，使研究成果更具实用性和市场价值。展览会成为连接学术研究与产业发展的桥梁，推动科技成果的转化和应用。

第三节　师范院校的学科建设路径

一、师范特色的学科体系构建

（一）教育学相关学科的核心地位

作为培养合格教师的关键学科，教育学不仅为教师提供了理论支撑，还在实践指导中发挥了重要作用。通过深入研究教育心理学和教育社会学等领域，教育学促进了教育理论与实践的深度融合。这种融合不仅提升了教师的教学能力，还为教育政策的制定和教育发展提供了科学依据。教育学相关学科的课程设置与教师职业发展紧密结合，旨在培养学生的实际教学能力与创新思维。这种结合不仅增强了学生的专业素养，也为他们未来的职业发展奠定了坚实的基础。

教育学相关学科的跨学科特性是其另一大优势。通过与心理学、社会学等学科的合作与交流，教育学研究得以拓展其深度和广度。这种跨学科的合作不仅丰富了教育学研究的内容，也推动了教育学学科的创新与发展。教育学的核心地位还体现在其对教育政策制定与教育发展的影响力上。在教育体系的科学发展过程中，教育学相关学科提供了理论依据和实践指导，确保了教育政策的有效性和教育发展的科学性。

教育学相关学科的课程设计应与教师职业发展紧密结合。课程的设计不仅要注重理论知识的传授，更要关注学生实际教学能力的培养和创新思维的激发。这种课程设计理念不仅符合现代教育的需求，也为学生未来的职业发展提供了有力支持。通过这样的课程设计，学生能够在理论与实践中找到平衡，并在实际教学中发挥出色的能力。教育学相关学科的核心地位也因此得以巩固，为整个教育体系的科学发展提供了重要保障。

(二)教师教育类课程的优化设置

课程设置应全面涵盖多元文化教育内容，旨在培养学生的多元文化沟通能力和全球视野。这不仅是对多样化学生群体的适应，也是提升未来教育者国际竞争力的必要途径。通过引入多元文化教育，学生能够更好地理解和尊重不同文化背景的学生，促进课堂内外的包容性和多样性。此外，这种课程设置还促进了学生对全球教育趋势的理解，使他们能够在全球化背景下思考教育问题，培养其成为具有国际视野的教育工作者。

在现代教育环境中，教师教育课程中引入教育技术相关内容已成为必然趋势。这不仅提升了学生对现代教育工具和数字化教学环境的适应能力，也增强了他们的应用技能。通过学习和实践，学生能够熟练使用各种教育技术工具，如在线教学平台、互动白板和虚拟现实技术，从而提高教学效果和学生参与度。这种课程设置反映了教育技术在教育领域的重要性，帮助未来教师在日益数字化的教育环境中有效开展教学活动，并为学生提供丰富的学习体验。

建立课程反馈机制是教师教育类课程优化设置的关键步骤之一。通过定期收集学生和实习学校的反馈意见，课程设计者可以持续改进课程内容和教学方法。这种反馈机制不仅有助于及时发现课程设置中的问题，还能确保教育质量的提升。通过分析反馈意见，教育机构可以对课程进行必要的调整，以更好地满足学生的学习需求和教育目标。此外，这种机制还促进了教育者与学生之间的沟通与互动，为教师教育类课程的持续发展提供了宝贵的参考依据。

(三)教育实习与实践基地的建设

通过建立多样化的教育实习基地,学生能够在真实的教育环境中锻炼实践能力。这些基地涵盖了不同类型的学校和其他教育机构,使学生有机会接触到多元化的教育环境和教学模式。这种多样化的接触不仅有助于学生理解不同教育体系的运作方式,还能培养他们适应不同教学环境的能力。此外,多样化的实习基地能够帮助学生在实践中找到自己的教育理念,并为未来的职业发展奠定基础。

与地方教育局和学校建立紧密的合作关系是确保教育实习基地建设成功的关键。通过这种合作,实习基地能够实现资源共享与信息交流,从而提升实习的质量与效果。地方教育局和学校可以为实习基地提供最新的教育资源和政策信息,而师范院校则可以为地方教育局和学校输送优秀的教育人才。这种双向的合作关系不仅有利于实习基地的发展,也为地方教育事业的进步提供了新的动力。同时,这种合作关系还能为学生提供更多的实习机会和更丰富的实习内容。

为了帮助学生更好地理解实习过程并提升实践能力,制定实习指导手册是必不可少的。实习指导手册应明确实习的目标、任务和评估标准,使学生在实习过程中有明确的方向和目标。通过手册,学生可以了解实习的具体要求和标准,从而在实习过程中有的放矢。此外,明确的评估标准也有助于学生在实习结束后进行自我反思和总结,从而不断提升自己的实践能力和教学水平。

定期组织实习基地的交流研讨会是促进教师与学生之间互动与反馈的重要途径。在这些研讨会上,实习指导教师可以分享他们的经验和心得,为学生提供宝贵的实践指导。通过交流与互动,学生可以了解到更多的教学方法和技巧,而教师也能通过学生的反馈不断改进教学策略。研讨会不仅是经验分享的平台,也是师生之间沟通的桥梁,有助于提升实习的整体效果。

二、教育教学方法的创新与应用

(一)案例教学与情境教学的推广

在高等教育管理学科的建设中,案例教学与情境教学的推广具有重要意义。案例教学作为一种行之有效的教学方法,通过引入真实的高等教育管理案例,帮助学生在分析和解决问题的过程中,提升其批判性思维和决策能力。案例教学不仅可以将理论知识与实际应用相结合,还能激发学生的学习兴趣,提高课堂参与度。在教学过程中，教师可以引导学生进行小组讨论，鼓励他们从不同角度分析案例，从而培养团队合作精神和沟通能力。这种教学方法的推广，有助于培养出适应复杂教育环境的高素质管理人才。

情境教学则通过模拟或真实的教育场景，增强学生的参与感和实践体验，促进其对教学方法的深刻理解。这种教学方法强调在真实或模拟环境中进行学习，使学生能够在具体情境中运用所学知识，解决实际问题。通过情境教学，学生不仅能够掌握理论知识，还能提高在不同教育情境下的应变能力和实践技能。这种教学方法特别适用于培养学生的实践能力和创新思维，使其在未来的职业生涯中能够更好地应对各种挑战。

情境教学能够提高学生的情感投入，使其在真实情景中体验教学的挑战与乐趣，增强职业认同感。在情境教学中，学生通过角色扮演、情景模拟等方式，深刻体会到高等教育管理工作的复杂性和多样性。这种体验式学习不仅能提升学生的学习动力，还能帮助他们建立积极的职业态度和价值观。通过在情境中反思和总结，学生能够更清晰地认识自身的优势与不足，从而在未来的职业发展中更有方向感和使命感。情境教学的推广，是师范院校在学科建设中迈向实践与创新的重要一步。

（二）信息化教学手段的运用

信息化教学手段的多样化应用结合不同学科的特点，可以显著提升课程的互动性与参与感。每个学科都有其独特的知识结构和教学需求，信息化手段可以根据这些特点进行定制化应用。例如，在理工科课程中，借助于信息化工具，可以更生动地展示抽象的科学概念，而在人文学科中，则可以通过多媒体资源丰富课堂内容。这种多样化的应用不仅提高了学生的学习兴趣，也增强了他们的参与感，使课堂更加生动活泼。

利用在线学习平台，提供灵活的学习方式，满足学生个性化学习需求，是信息化教学的另一大优势。在线学习平台为学生提供了随时随地获取知识的途径，使学习不再受时间和空间的限制。这种灵活性特别适合于现代学生多样化的学习节奏和个性化的学习需求。通过在线平台，学生可以根据自己的学习进度和兴趣选择学习内容，极大地促进了自主学习能力的提升，帮助学生在学习过程中找到自己的节奏和方向。

通过虚拟实验室和模拟软件，信息化教学手段进一步增强了学生的实践操作能力，缩短了理论与实践之间的距离。虚拟实验室为学生提供了一个安全且可控的环境，可以进行多次实验操作而无须担心实验材料的消耗和实验环境的限制。这种实践教学方式不仅提高了学生的动手能力，也帮助他们更好地理解和巩固理论知识，使理论与实践之间的联系更加紧密。

引入大数据分析工具，实时监测学生学习进度与效果，是信息化教学手段的重要应用之一。通过大数据分析，教师可以获得学生学习的详细数据，从而及时调整教学策略。这种实时监测不仅帮助教师更好地了解学生的学习情况，也为个性化教学提供了数据支持。通过对学生学习数据的分析，教师可以制订更有针对性的教学计划，提升教学质量和学生的学习效果。

利用社交媒体与在线讨论平台，促进师生之间的沟通与合作，增强学习社区的凝聚力，是信息化教学手段的另一个重要应用。在线讨论平台为学生提供了一个开放的交流空间，学生可以在这里分享学习经验、提出问题并获得反馈。这种互动不仅增强了师生之间的沟通，也促进了学生之间的合作学习。通过社交媒体，学生可以更自由地表达自己的观点，学习社区的凝聚力也因此得到增强，形成了一个积极向上的学习氛围。

（三）教学评价与反馈机制的完善

建立多层次的教学评价体系是实现这一目标的关键过涵盖学生自评、互评和教师评估的综合体系，能够全面反映学生的学习效果和教学质量。这种多维度的评价方式不仅能够提供更为全面的反馈，还能帮助教师更好地了解学生的学习需求和困难，从而调整教学策略，提高教学效果。尤其在师范院校中，这种多层次的评价体系可以为未来教师的培养提供更为精准的指导，促进教师教育质量的提升。

在现代教育背景下，数据分析工具的使用为教学评价与反馈机制的完善提供了新的可能。通过对学生学习行为的监测，教师可以及时获取学生的学习动态，并据此调整教学策略。这种数据驱动的教学方法能够提高教学效果和学生满意度，同时也为个性化教学提供了理论和技术支持。数据分析工具的应用不仅提升了教学的科学性和精准性，还为教育决策提供了有力的依据，促进了教学质量的不断提升。

建立透明的评价标准与反馈机制是确保学生对评价过程的理解与认同的基础。只有在明确、公开的评价标准下，学生才能够清晰地了解自己的学习状况和改进方向。这种透明度不仅能增强学生的学习动力，还能激发他们的主动性和创造性。通过完善的反馈机制，学生能够及时得到学习建议和指导，从而在学习过程中不断进步。这种机制的建立不仅有助于学生的个人发展，也为整个教育体系的优化提供了保障。

三、师资队伍的教育专业化发展

（一）教师教育者的专业素养提升

教师教育者不仅需要具备扎实的教育理论基础，还需将其应用于教学实践中，以实现教育的有效性与创新性。教育理论的深厚积累使教师教育者能够在教学过程中灵活运用不同的教育策略，适应多变的教学环境，并在此基础上进行创新。这样的理论基础不仅是教学的支柱，也是教师教育者在学术领域进一步发展的起点。

持续的专业发展与培训是教师教育者提升专业素养的关键所在。通过定期参与相关课程与研讨会，教师教育者能够不断更新自身的知识结构，了解教育领域的最新动态与趋势。这些学习活动不仅有助于教师教育者保持专业的敏锐性，还能促使他们在教学实践中不断反思与改进。通过与同行的交流与合作，教师教育者可以借鉴他人的成功经验，提升自身的教学水平与专业素养。

在现代教育环境中，教师教育者应关注教育技术的应用，掌握现代教学工具以增强课堂互动与学生参与感。教育技术的快速发展为课堂教学带来了新的可能性，教师教育者需要熟练掌握这些工具，以便更好地吸引学生的注意力，提高教学效果。这不仅包括传统的多媒体教学工具，还涉及新兴的在线教育平台与虚拟现实技术的应用，从而使教学更加生动、直观。

跨学科知识的整合能力是教师教育者的重要素养，有助于提升其在多元化教育环境中的适应性与创新能力。如今的教育环境日益复杂，单一学科的知识已不足以应对多样化的教学需求。教师教育者需要具备整合不同学科知识的能力，以便在教学中融会贯通，培养学生的综合素质。这种整合能力不仅体现在课程设计中，也体现在教学方法的创新上。

教师教育者应具备良好的沟通与协作能力，以促进与学生、家长及同事之间的有效互动与支持。良好的沟通能力是教学成功的关键，它不仅影响到课堂教学的效果，也关系到学生的全面发展。通过与学生的有效沟通，教师教育者能够更好地理解学生的需求与困难，提供更有针对性的帮助。同时，与家长和同事的协作也有助于形成良好的教育生态，推动教育目标的实现。

(二)教师的培训与继续教育

为提升教师的专业能力和教学效果,建立系统化的教师培训课程显得尤为重要。这些课程应全面涵盖教育理论、教学方法和技术应用,帮助教师在快速变化的教育环境中保持竞争力。通过这样的培训,教师不仅能够掌握最新的教育理念,还可以灵活运用先进的教学技术,从而在课堂上创造更好的学习体验。此外,系统化的培训课程还可以帮助教师不断反思和改进自己的教学实践,推动教育质量的提升。

定期举办教师继续教育研讨会是促进教师之间经验分享与交流的有效方式。这些研讨会为教师提供了一个开放的平台,使他们能够分享各自的教学经验和创新成果,促进团队合作与创新能力的提升。通过这样的互动,教师不仅可以从同事的经验中获得灵感,还可以在交流中发现自身教学中的不足之处,从而进行相应的改进。研讨会还可以为教师提供一个与同行讨论教育趋势和挑战的机会,帮助他们在快速变化的教育环境中保持前瞻性和适应能力。

设立教师职业发展规划支持是帮助教师明确职业目标与发展途径的关键步骤。通过提供相应的培训与资源,教师可以更清晰地规划自己的职业生涯,并在职业发展中获得更大的成就感。职业发展规划不仅仅是对教师个人发展的支持,还可以通过提升教师的整体素质,对学校的教育质量产生积极的影响。通过明确的职业发展途径,教师可以在不同的职业阶段获得相应的支持和指导,从而更好地应对职业生涯中的各种挑战。

引入行业专家参与教师培训可以确保培训内容与教育实践及市场需求紧密结合。行业专家的参与可以为教师提供最新的行业动态和实践经验,帮助他们更好地理解教育市场的需求,并将这些需求融入教学实践中。通过行业专家的指导,教师可以更好地适应教育领域的变化,提高自身的适应能力。此外,行业专家的参与还可以为教师提供一个与行业内专业人士建立联系的机会,拓宽他们的职业视野和发展空间。

(三)教育名师的培养与示范

通过建立严格的教育名师选拔标准,可以明确其在教育教学中的示范作用与影响力。这一过程不仅是对教育者教学水平的考量,更是对其在教育领域中的贡献的认可。高水平教育者的选拔标准应涵盖教学成果、科研能力、教育创新等多个方面，以确保选拔出能够引领教育发展的优秀人才。通过这种方式，教育名师能够在教学实践中发挥积极的示范作用，推动整体教育质量的提升。

为了支持教育名师的持续发展，开展教育名师的培训与发展项目显得尤为重要。这些项目旨在定期更新名师的教学理念与方法，帮助他们适应不断变化的教育环境。通过培训，名师能够提升其专业素养与教学能力，进一步巩固其在教育界的地位。这不仅有助于个人成长，也为教育机构提供了更强有力的师资队伍。培训项目应包括最新的教育研究成果、教学技术的应用以及国际教育趋势的分析，以确保名师始终站在教育发展的最前沿。

教育名师应被鼓励积极参与教学创新实践，发挥他们在课程开发和教学方法创新中的引领作用。名师的参与能够为教学创新提供宝贵的实践经验和理论支持，推动教育体系的现代化进程。在课程开发中，名师可以结合自身的教学经验和专业知识，设计出更符合学生需求的课程内容和教学方法。在教学方法创新方面，名师可以探索新的教学模式和技术应用，提升课堂教学的有效性和学生的学习效果。

建立教育名师的分享与交流平台是促进教师间经验交流与合作的重要途径。这些平台为名师提供了展示教学成果、分享教学经验的机会，也为其他教师提供了学习和借鉴的资源。通过交流与合作，教师们可以共同探讨教学中的难题，分享成功的教学策略，从而提升整体教学质量。这样的交流平台不仅有助于教师的个人成长，也有助于形成一个积极向上的教学团队，推动教育事业的整体进步。

四、服务基础教育的社会责任担当

（一）为基础教育输送优质师资

在高等教育管理学科建设的多样化实践中，师范院校肩负着为基础教育输送优质师资的重任。通过建立健全的合作机制，师范院校与基础教育机构紧密联结，为师范生提供丰富的实践机会。这种合作不仅有助于提升师范生的教学能力，还增强了他们在真实教育环境中的适应能力。通过参与实际的教学活动，师范生能够更好地理解课堂管理、课程设计与师生互动的复杂性，从而在未来的职业生涯中更加自信地应对各种教学挑战。

师范院校的学科建设还体现在制订全面的师资培训计划上。通过定期为在职教师提供专业发展课程，院校能够不断提升教师的教育教学能力与专业素养。

这些课程通常涵盖最新的教育理论、教学技术以及课堂管理策略，帮助教师在快速变化的教育环境中保持竞争力。通过持续的职业发展，教师不仅能够提升个人能力，还能为学生提供更高质量的教育体验，进而推动基础教育的整体进步。

优化教师招聘流程是师范院校提升基础教育质量的另一重要举措。通过严格的选拔程序，院校确保招聘到具备扎实教育背景和丰富实践经验的人才。这些教师不仅在学术上表现优异，还具备实际的教学能力，能够在基础教育中发挥积极作用。通过这样的招聘策略，师范院校为基础教育输送了一批又一批高素质的教师，直接提高了基础教育的整体教学质量。

（二）与中小学开展合作与帮扶

通过建立中小学与师范院校的协作机制，能够有效促进师范生的实践能力和职业素养。具体而言，这种协作机制的核心在于定期组织师范生赴中小学进行教学实习。教学实习不仅为师范生提供了一个将理论转化为实践的机会，还能让他们在真实的教育环境中锻炼教学技能，积累实际教学经验。这种实践活动的开展，不仅有助于师范生自身的成长，也为中小学带来了新鲜的教育理念和活力，形成了双赢的局面。

开展师范院校教师与中小学教师的联动培训也是合作与帮扶的重要形式之一。通过分享教学经验与方法，双方教师可以在教学水平和专业发展上实现共同进步。联动培训的优势在于其能够打破传统的教育壁垒，促使师范院校的教师了解基础教育的实际需求，同时也让中小学教师接触到高等教育的前沿理论与方法。这种互动不仅提升了双方的教学能力，更重要的是为教育体系的整体提升奠定了基础。

推动师范院校与中小学共同开发课程，能够有效结合基础教育需求，设计出适合不同学生群体的教学方案。这种合作模式强调课程的实用性与创新性，力求在满足基础教育基本要求的同时，注重学生个性的发展。通过与中小学教师的深入合作，师范院校能够更好地了解基础教育的实际需求，从而开发出更具针对性和实用性的课程，促进教育质量的整体提升。

建立中小学与师范院校的资源共享平台，是提高教育教学效率与质量的重要手段。通过这一平台，师范院校和中小学能够实现教学资源、教材和教具的互通。资源共享不仅能够节约教育资源，提高资源利用效率，还能促使不同教育阶段的教师在教学实践中相互学习和借鉴，推动教育教学的创新与发展。

定期举办中小学与师范院校的教育研讨会，为双方在教育理念、教学策略和学生发展等方面的深入交流与合作提供了重要平台。教育研讨会的举办有助于促进教育理论与实践的结合，使师范院校和中小学在教育观念上达成共识，推动教育的创新发展。这种定期的交流与合作，不仅有助于双方教师的专业发展，也为教育创新提供了源源不断的动力。

（三）开展教师培训与教育咨询服务

在高等教育管理学科建设中，师范院校承担着重要的社会责任，特别是在服务基础教育方面。开展教师培训与教育咨询服务是实现这一责任的重要途径。

通过系统化的教师培训，师范院校可以有效提升教师的专业素养和教学能力。建立教师培训需求评估机制是确保培训内容与教师实际需求相匹配的关键步骤。通过科学的需求评估，师范院校能够准确识别教师在教育理论、教学方法和技术应用等方面的需求，从而提高培训的针对性和有效性。这不仅有助于教师个人的专业发展，也能促进整体教育水平的提升。

为了满足不同教师的专业发展需求，师范院校需要开发多样化的培训课程。这些课程应涵盖最新的教育理论、创新的教学方法以及现代技术应用，使教师能够在不断变化的教育环境中保持竞争力。课程的多样性不仅能满足不同学科教师的需求，还能促进教师在专业领域的深入学习和研究。

此外，定期组织教育咨询服务也是不可或缺的环节。师范院校通过提供个性化的教学指导和职业发展建议，使教师能够在实际教学中得到切实可行的帮助，从而有效解决教学中的实际问题。

参考文献

[1]郭荔宁.成人教育学科建设的现代视阈[M].长春:吉林大学出版社,2021.

[2]黄锁明.多维视角下高校学科发展与人才评价研究[M].南京:东南大学出版社,2022.

[3]刘沛,刘海元.我国高等体育院校学科建设若干问题的讨论[M].北京:中国国际广播出版社,2022.

[4]马建琴,姜华,李雯,等.新时代河南省高等教育高水平学科建设研究与实践[M].郑州:黄河水利出版社,2023.

[5]马静.高等教育管理发展的战略研究[M].北京:北京工业大学出版社,2019.

[6]彭颖晖.现代高校学科建设与服务产业实践研究[M].长春:吉林人民出版社,2021.

[7]秦慧.新时期高校图书馆学科服务研究[M].北京:新华出版社,2022.

[8]王建华.高等教育学的持续探究[M].福州:福建教育出版社,2021.

[9]吴爱萍.高等教育的发展与管理实践[M].长春:吉林出版集团股份有限公司,2020.

[10]尹汉雄,于跃.高职院校电子商务专业建设与人才培养研究[M].北京:群言出版社,2023.

[11]张菀心.高校英语学科建设路径与教学研究[M].长春:吉林出版集团股份有限公司,2023.

[12]张养志.出版传媒学科建设与人才培养[M].北京:文化发展出版社,2022.

[13]宗凡,王莉芳.面向学科表现度的一流工学学科建设成效评价研究[M].西安:西北工业大学出版社,2022.